コンピュータ科学とプログラミング入門

コンピュータとアルゴリズムの基礎

小高知宏［著］

近代科学社

◆ 読者の皆さまへ ◆

　平素より，小社の出版物をご愛読くださいまして，まことに有り難うございます．

　(株)近代科学社は1959年の創立以来，微力ながら出版の立場から科学・工学の発展に寄与すべく尽力してきております．それも，ひとえに皆さまの温かいご支援があってのものと存じ，ここに衷心より御礼申し上げます．

　なお，小社では，全出版物に対してHCD（人間中心設計）のコンセプトに基づき，そのユーザビリティを追求しております．本書を通じまして何かお気づきの事柄がございましたら，ぜひ以下の「お問合せ先」までご一報くださいますよう，お願いいたします．

　お問合せ先：reader@kindaikagaku.co.jp

　なお，本書の制作には，以下が各プロセスに関与いたしました：

- 企画：冨髙琢磨
- 編集：冨髙琢磨
- 組版：藤原印刷 (LaTeX)
- 印刷：藤原印刷
- 製本：藤原印刷 (PUR)
- 資材管理：藤原印刷
- カバー・表紙デザイン：藤原印刷
- 広報宣伝・営業：山口幸治，冨髙琢磨

●本書に記載されている会社名・製品名等は，一般に各社の登録商標または商標です．本文中の©，®，TM等の表示は省略しています．

- 本書の複製権・翻訳権・譲渡権は株式会社近代科学社が保有します．
- JCOPY 〈(社)出版者著作権管理機構 委託出版物〉
本書の無断複写は著作権法上での例外を除き禁じられています．
複写される場合は，そのつど事前に(社)出版者著作権管理機構
(https://www.jcopy.or.jp，e-mail: info@jcopy.or.jp) の許諾を得てください．

はじめに

　コンピュータは，現代社会に暮らすすべての人にとって，仕事や勉強，日々の生活においてなくてはならない道具となっています．特に工学系の仕事をする人々にとっては，分野を問わず，コンピュータは基盤的な道具であり，毎日の仕事で日常的に利用するツールの1つです．たとえば機械系であれば，機器の開発や設計，製造においてはコンピュータの利用が必須です．電気電子系でも同様ですし，建築土木の分野でもコンピュータ抜きでは仕事は進みません．化学や生物学の分野でも，試験管やフラスコを使った実験と同様に，コンピュータによる実験が重要視されています．そしてもちろん，情報系分野ではコンピュータそのものが仕事の対象です．

　こうした中，工学系のすべての分野の学生を対象としたコンピュータ教育が重要視されています．本書は，工学系基礎教育としてのコンピュータ教育およびプログラミング教育を実現するための教科書です．本書では，工学的問題の解決に対するコンピュータやプログラムの利用に抵抗感をなくし，スムーズにコンピュータを使う素養を養うことを目的としています．

　コンピュータは，単純な手続きの積み重ねで処理を実現します．この事実の理解，つまり手続き的処理の理解が本書の第一の目標です．これによりコンピュータとは何なのかが理解でき，コンピュータを道具として利用するための能力が身に付きます．次に本書では，手続き的記述能力の獲得を目指します．これは平たく言えば，プログラムを書いて利用するための初歩的な能力です．具体的には，プログラム言語の基礎を学ぶとともに，シミュレーションや解析，統計処理等のためのソフトウェアツールを使いこなすための素養を養います．

　本書では，プログラミングの基礎は扱いますが，特定のプログラム言語全般を深く学ぶことは目標としません．そのかわり，あとで必要となった時に，どのような言語でも容易に学ぶことのできる下地を作ります．また本書では，読者の皆様がコンピュータの基本的な操作についての知識・技能は習得済みであることを仮定します．したがって本書は，Webサイトの閲覧やワープロの使い方といった，いわゆるコンピュータリテラシー教育を主眼とするものでもありません．さらに本書は，情報処理専門教育のための書籍でもありません．ただし，工学基礎教育の一環として，のちの情報処理専門教育の導入

となるようには内容構成を配慮しました．

　本書は，大学などにおける半期15回の講義を念頭においた教科書として構成してあります．主として講義形式の授業を想定していますが，随所に演習を織り込むことで，より深い理解が得られるよう工夫しました．また章末には演習問題を掲載し，略解を示すことで理解の助けとなるよう配慮しました．

　本書の実現にあたっては，著者の所属する福井大学での教育研究活動を通じて得た経験が極めて重要でした．この機会を与えてくださった福井大学の教職員と学生の皆様に感謝いたします．また，本書実現の機会を与えてくださった近代科学社の皆様にも改めて感謝いたします．最後に，執筆を支えてくれた家族（洋子，研太郎，桃子，優）にも感謝したいと思います．

2015年11月
著者

目　次

第 1 章　コンピュータとは　　1
- 1.1　コンピュータの構成 2
  - 1.1.1　コンピュータの歴史 2
  - 1.1.2　コンピュータの構成 3
- 1.2　コンピュータの動作 4
  - 1.2.1　CPU の構造 4
  - 1.2.2　CPU の動作 5
- 1 章　演習問題 9

第 2 章　コンピュータとプログラムの原理 (1)　　11
- 2.1　機械語命令 12
  - 2.1.1　仮想 CPU「exmini」 12
  - 2.1.2　exmini の機械語命令 13
- 2.2　順接処理 16
  - 2.2.1　データの移動 16
  - 2.2.2　データの設定と加工処理 18
- 2.3　繰返し処理 20
  - 2.3.1　ジャンプ命令 20
  - 2.3.2　条件判定とループ処理 23
- 2 章　演習問題 25

第 3 章　コンピュータとプログラムの原理 (2)　　27
- 3.1　演算処理 28
  - 3.1.1　二つの数値の加算 28
  - 3.1.2　プログラムのデバッグ 29
- 3.2　実際の機械語プログラム 31
  - 3.2.1　実際に PC やスマートフォンで用いられている CPU の例 31
  - 3.2.2　実際の機械語プログラム 32
- 3 章　演習問題 33

第 4 章　アセンブラ，コンパイラ，インタプリタ　35

- 4.1　アセンブリ言語とプログラミング言語 36
  - 4.1.1　アセンブリ言語 36
  - 4.1.2　プログラミング言語 37
- 4.2　コンパイラとインタプリタ 38
  - 4.2.1　コンパイラ 38
  - 4.2.2　インタプリタ 39
- 4 章　演習問題 41

第 5 章　手続き的処理（1）順接処理　43

- 5.1　プログラミング言語を用いたプログラム開発の方法 44
  - 5.1.1　エディタとコンパイラを用いたプログラム開発 44
  - 5.1.2　統合開発環境 45
- 5.2　出力 45
  - 5.2.1　文字の出力 45
  - 5.2.2　計算式の計算結果の出力 47
- 5.3　入力と代入 48
  - 5.3.1　変数の概念と代入 48
  - 5.3.2　入力 50
- 5 章　演習問題 53

第 6 章　手続き的処理（2）条件判定と繰返し処理　55

- 6.1　条件分岐 56
  - 6.1.1　条件判定の方法 56
  - 6.1.2　条件判定を用いたプログラム 57
- 6.2　決められた回数の繰返し 59
  - 6.2.1　決められた回数の繰返し処理 59
  - 6.2.2　繰返し処理の例 60
- 6 章　演習問題 62

第 7 章　手続き的処理（3）さまざまな繰返し処理　63

- 7.1　繰返しの回数を指定しない繰返し処理 64
  - 7.1.1　条件判定と繰返し処理 64
  - 7.1.2　条件に基づく繰返し 66
- 7.2　多重の繰返し 69
  - 7.2.1　繰返しの多重化 69
  - 7.2.2　多重の繰返し処理によるプログラム 70

7 章　演習問題 73

第 8 章　例題演習その 1（数値計算） 75

8.1 数表の出力 76
    8.1.1 数表の計算 76
    8.1.2 数表計算プログラム 77
8.2 数列の和による計算 79
    8.2.1 自然対数の底 79
    8.2.2 自然対数の底を計算するプログラム 80
8 章　演習問題 82

第 9 章　モジュール化 83

9.1 モジュール化の概念 84
    9.1.1 モジュールによるプログラムの分割 84
    9.1.2 大規模プログラムの開発方法 85
9.2 モジュールの利用 86
    9.2.1 関数によるモジュール作成 86
    9.2.2 関数を利用したプログラミング 90
9 章　演習問題 93

第 10 章　配列 95

10.1 配列とは 96
    10.1.1 配列とは 96
    10.1.2 配列の利用 97
10.2 配列と繰返し処理 99
    10.2.1 繰返し処理による配列の操作 99
    10.2.2 配列と繰返し処理の例題プログラム 100
10 章　演習問題 103

第 11 章　例題演習その 2（統計処理・連立一次方程式） 105

11.1 基本的な統計処理 106
    11.1.1 平均，偏差，分散 106
    11.1.2 統計処理プログラム 108
11.2 連立一次方程式の解法 111
    11.2.1 ガウスの消去法のアルゴリズム 111
    11.2.2 ガウスの消去法プログラム 113
11 章　演習問題 118

第12章　ライブラリの利用　119

- 12.1 数学関数 120
  - 12.1.1 対数と平方根 120
  - 12.1.2 三角関数 121
- 12.2 乱数 123
  - 12.2.1 擬似乱数列とは 123
  - 12.2.2 擬似乱数列を利用したプログラム 125
- 12章　演習問題 128

第13章　さまざまなプログラミング言語（1）　131

- 13.1 C, C++ 132
  - 13.1.1 C言語 132
  - 13.1.2 C++言語 132
- 13.2 Java, Javascript 133
  - 13.2.1 Java言語 133
  - 13.2.2 Javascript 135
- 13.3 Fortran, Lisp, Cobol 136
  - 13.3.1 Fortran 136
  - 13.3.2 Lisp 136
  - 13.3.3 Cobol 137
- 13章　演習問題 139

第14章　さまざまなプログラミング言語（2）　141

- 14.1 Perl, Python, Ruby 142
  - 14.1.1 Perl 142
  - 14.1.2 Python 142
  - 14.1.3 Ruby 143
- 14.2 bc, awk 144
  - 14.2.1 bc 144
  - 14.2.2 awk 145
- 14.3 MATLAB, GNU Octave, Mathematica, Maxima ... 146
  - 14.3.1 MATLAB, GNU Octave 146
  - 14.3.2 Mathematica, Maxima 147
- 14章　演習問題 149

第15章　道具としてのコンピュータ　151

- 15.1 コンピュータ利用の方針 152

  15.1.1 プログラムを準備する方法 152
  15.1.2 プログラミングは最終手段 153
 15.2 プログラム開発の方法 153
  15.2.1 ソフトウェア製品のライフサイクル 153
  15.2.2 ソフトウェア開発モデル 154
 15 章 演習問題 156

演習問題略解   159

参考文献   167

付録   169

索引   171

コラム 1：機械語プログラムは難しい	34
コラム 2：繰返し処理と並列化	74
コラム 3：rand () 関数の限界	129
コラム 4：プログラムという概念の発明	150
コラム 5：タイヤの再発明	157

第1章　コンピュータとは

[この章のねらい]

　本章では，コンピュータの構成とその動作の原理を示します．コンピュータは，あらかじめメモリ上に配置された命令にしたがって一つずつ処理を実行する電子装置です．このことが理解できれば，本書の次章以降は容易に理解できるでしょう．

[この章で学ぶ項目]
　　1.1 コンピュータの構成
　　1.2 コンピュータの動作

1.1 コンピュータの構成

1.1.1 コンピュータの歴史

コンピュータ (computer) は，日本語では電子計算機と呼びます．しかし，英語の "computer" を直訳すれば，"compute" と "er" の組合せで，「計算するもの」となるでしょう[1]．そこでここでは以下，手動や自動で計算する機械について，その歴史を概観します（表 1.1）．

電子的な計算機である現代のコンピュータは，20 世紀の中頃に発明されました．しかし，手動，あるいは機械式計算機の歴史は古く，今から 4000 年以上前には**アバカス** (abacus) と呼ばれる手動の計算機器が使われていたようです．アバカスはそろばんに姿を変えて現代に生き残っています．

歯車を組み合わせた機械式計算器としては，17 世紀にフランスの哲学者**ブーレーズ・パスカル** (Blaise Pascal) が作成した計算器である**パスカリーヌ** (Pascaline) が有名です．その後 19 世紀には，イギリスの**チャールズ・バベッジ** (Charles Babbage) が，蒸気機関を使って自動的に計算を進める機械式計算機である**解析機関** (analytical engine) や，その前進となる**階差機関** (difference engine) の設計や試作を行っています．

電子式の計算機は，20 世紀になって電子回路の技術が誕生した後に開発されました．最も初期の電子式計算機は，アイオワ州立大学の**アタナソフ** (John V. Atanasoff) とベリー (Clifford E. Berry) が開発した **ABC** です．ABC は 1942 年に稼働しました．その後，1946 年には，1 万 8 千本の真空管を使った巨大な計算機である **ENIAC** が，ペンシルバニア大学の**モークリー** (John W. Mauchly) と**エッカート** (J. Presper Echert, Jr.) らによって開発されました．

[1] 電子式のコンピュータが発明される 20 世紀中頃よりも以前は，"コンピュータ"は"（人間の）計算手"を意味することばであった．

表 1.1 計算機械（コンピュータ）の歴史

年代	できごと
紀元前 2000 年ごろ	アバカス (abacus) の利用
1642	パスカリーヌ (Pascaline) の発明
1840 年ごろ	階差機関の開発
1942	ABC 稼働（世界初の電子計算機）
1946	ENIAC 稼働
1949	EDSAC 稼働（現在のコンピュータの直接の祖先）
1951	EDVAC 稼働
1954	IBM650（商用大型計算機）発表
1963	DEC PDP-8（ミニコンピュータ）発表
1977	APPLE II（パーソナルコンピュータ）発表
1990 年代	インターネットの一般利用開放
現代	パソコンやスマホ，ネットワークの一般化・社会基盤化

現代のコンピュータの直接の先祖となるコンピュータは，1949年に稼働した **EDSAC** でしょう．EDSAC は，ケンブリッジ大学の**ウィルクス** (Maurice Vincent Wilkes) が開発した，実用的なプログラム内蔵型のコンピュータです．EDSAC に続いて，アメリカでは，ENIAC の後継機として EDVAC が 1951 年に稼働しています．

EDSAC や EDVAC は，「ノイマン型」と呼ばれる構成方法（プログラム内蔵方式）を採用したコンピュータです．ノイマン型という呼称は，20 世紀を代表する万能の天才である**フォン・ノイマン** (John von Neumann) の名前に依っています．ノイマンは数学や物理，社会科学など幅広い分野で多くの業績を上げました．さらにコンピュータ科学の分野でも，現在広く利用されているコンピュータの基本的構成方法についての文献を最初に示した功績によって，現代的なコンピュータの発明者の一人[2]とされています．現在のコンピュータは，そのほとんどがノイマン型です．本書では以降，ノイマン型コンピュータのことを単にコンピュータと呼ぶことにします．

1950 年代以降，コンピュータは工業製品として世の中に広く浸透していきます．当初は回路素子として真空管を使っていましたが，これがトランジスタや IC に置き換わることで，信頼性が高く高性能なコンピュータが実現されるようになりました．また当初は，広い部屋がいっぱいになるほどの大きさの大型コンピュータが主流でしたが，1960 年代からはより小型なミニコンピュータも使われるようになり，1980 年代にはワークステーション，そして 1990 年代に入るとパーソナルコンピュータが一般市場に出回るようになりました．この流れをダウンサイジングと呼んでいます．

現代では，コンピュータはありとあらゆる場所で利用され，日常生活を便利で豊かなものにするとともに，工業技術全般を支える基盤技術となっています．コンピュータを適切に利用することは，現代の技術者にとって必須の技能といえるでしょう．

[2] ノイマンが一人でコンピュータを発明したというわけではない，という意味である．

1.1.2 コンピュータの構成

図 1.1 に，コンピュータの基本構成を示します．コンピュータは，CPU やメモリ，I/O などの構成要素が，バスと呼ばれる信号をやり取りするための接続線によって相互接続されています．

図 1.1 で，**CPU**（central processing unit, 中央処理装置）は，コンピュータ全体の制御をつかさどり，演算などの情報処理を行う，コンピュータの中心部分です．CPU は，**メモリ** (memory) 上に置かれた機械語命令を逐次読み出し，同じくメモリ上に置かれたデータに対して処理を施します．その結果は再びメモリに格納されます．

メモリは，機械語命令の並びである機械語プログラムを保持するとともに，処理対象となるデータも格納します．メモリは CPU によって操作され，CPU

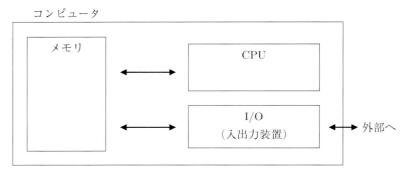

図 1.1　コンピュータの基本構成（ブロック図）

が内容を書き換えるまでは同じ値を保持し続けます．メモリは，おのおのが数値を格納する小さな区画に分割されています．メモリ上の区画を区別するための数値を，**番地**または**アドレス** (address) と呼びます．通常，メモリのアドレスには，0 番地から始まる整数が割り当てられます．

I/O(Input/Output) すなわち**入出力装置**は，コンピュータと外界を結びつけるための装置です．具体的には，**キーボード**や**マウス**，**ディスプレイ**装置などが該当します．コンピュータに対する指示は入力装置を使ってコンピュータに与えられ，メモリに格納された処理結果のデータは出力装置により外界に伝えられます．**ネットワーク** (network) 装置は I/O の一種です．ネットワークを介して，他のコンピュータと情報をやりとりしたり，協調して処理を進めたりすることができます．

1.2　コンピュータの動作

本節では，コンピュータの基本的な動作について説明します．コンピュータは，メモリ上に配置された命令に従って CPU が一つずつ処理を実行することで，情報を処理します．

1.2.1　CPU の構造

CPU の動作を説明する前に，CPU の内部構造を説明しましょう．ひとくちに CPU といってもさまざまな種類の製品がありますが，ここでは，多くの CPU に共通の，一般的かつ基本的な構造を示します．

図 1.2 に，CPU の基本的な内部構造のブロック図を示します．CPU は，メモリから命令や処理対象データを読み込み，これを CPU 内部に一時的に保存して，処理を施します．その結果は，メモリに格納されます．この処理を実現するために，CPU 内部には，制御や記憶の働きを有する電子回路がつめ込まれています．

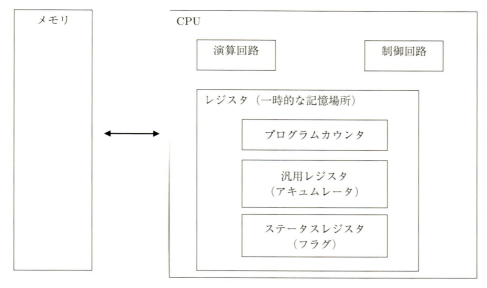

図 1.2 CPU の内部構造

CPU では，加算や減算といった演算を実施します．このための電子回路が**演算回路**です．また，演算回路やレジスタへの情報の流れをコントロールするのが**制御回路**です．

CPU 内部には，一時的に情報を記録しておくための，ごく小容量で極めて高速な記憶装置が複数配置されています．これらの記憶装置を，一般に**レジスタ** (register) と呼びます．通常，一つのレジスタは，一つの数値を格納します．

レジスタは，役割に応じてさまざまな名前が付けられます．たとえば，メモリ上のどこから命令を取ってくるかを記憶するためのレジスタは，**プログラムカウンタ** (program counter) あるいは**インストラクションカウンタ** (instruction counter) と呼ばれます．計算結果を格納するレジスタは，**アキュムレータ** (accumulator)[3] とか**汎用レジスタ** (general register) といった名前が付けられます．また，CPU の状態を記憶するための**ステータスレジスタ** (status register) や，その他の特殊なレジスタが必要に応じて配置されています．

[3] 「何かを蓄えておくもの」という意味がある．

1.2.2 CPU の動作

CPU は，メモリ上に格納された機械語命令を一つずつ取り出し，機械語命令の意味を解釈して，計算やデータ移動などの処理を行います．これが，コンピュータの基本的な動作です（図 1.3）．

機械語命令は，CPU に対して処理の内容を指示するための数字です．表 1.2 に，典型的な機械語命令の種類を示します．これらの命令は，CPU の設計時にあらかじめ決められた数値により，数字で表現されます．具体的な機械語

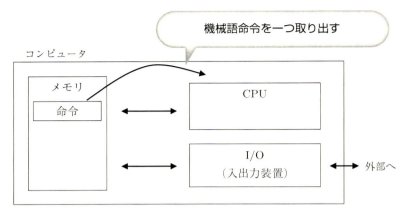

(1) CPU が，メモリ上に格納された機械語命令を一つ取り出す

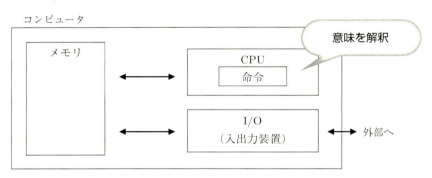

(2) CPU は機械語命令の意味を解釈する

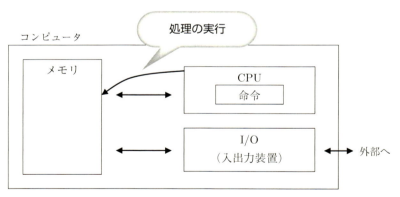

(3) 機械語命令の意味に従って，計算やデータ移動などの処理を CPU が行う

図 1.3　コンピュータの基本的な動作（上記 (1)～(3) を繰り返す）

　命令の働きや，命令を表現する数値の値は，CPU の種類ごとに異なります．
　表 1.2 にあるように，CPU のできることはごく限られた内容しかありません．基本的には，メモリや CPU 間でのデータの移動，加減乗除などの演算，

表 1.2 機械語命令の種類（例）

カテゴリ	具体的内容
データの移動	メモリから CPU へのデータのコピー
	CPU からメモリへのデータのコピー
演算	加減乗除
	論理演算（論理和，論理積など）
処理の流れの制御	次に実行する命令の指定（ジャンプ）
	条件付きジャンプ
	サブルーチンジャンプ
CPU の制御	リセット
	処理の割込み

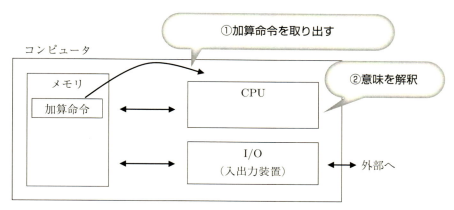

図 1.4 レジスタに格納された数値の加算（1）命令の取出しと解釈

処理内容を切り替えるための処理の流れの制御ぐらいしかできません．これらの命令を多数組み合わせることで，Web ブラウザやワープロソフトのようなコンピュータプログラムが構成されています．

次に，もう少し詳しく CPU の動作を見てみましょう．たとえば，CPU 内部に格納された二つの数値の足し算を実行する際の，CPU の動作を考えます．

はじめに CPU は，メモリの特定の場所から機械語命令を一つ取り出します（図 1.4）．取出し場所はアドレスを表す数値で指定します．命令を取り出すアドレスの値は，CPU 内部のプログラムカウンタに格納されています．機械語命令を取り出して CPU に命令の値をコピーした後，プログラムカウンタの値は自動的に増加し，次の命令取出しに備えます．

CPU はメモリから取り出した命令を解釈します．この場合，CPU 内部のレジスタに格納された数値同士を足し算する命令であったとします．すると次に CPU は演算回路を利用して足し算を実行します．足し算の実行結果は，レジスタに一時的に保管されます（図 1.5）．

以上の一連の処理により，一つの加算命令の実行が終了します．現代的な

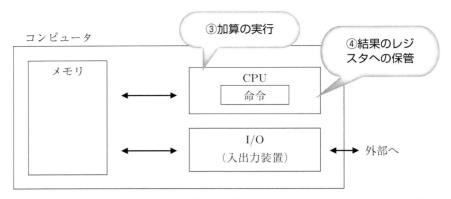

図 1.5 レジスタに格納された数値の加算（2）加算の実行とレジスタへの保管

CPU では，こうした処理を 1 秒間に数十億回以上実行することができます．機械語命令一つひとつの処理内容は極めて単純なものですが，これを非常に高速に繰り返すことで，結果として複雑な処理を実現しているのです．

[1 章のまとめ]

- 現在利用されているものと同じ形式のコンピュータ（電子式のノイマン型コンピュータ）は，1940 年代に発明された．
- コンピュータは，CPU，メモリ，I/O 装置などから構成される．
- CPU は，メモリに格納された機械語命令を一つずつ実行する．
- CPU のできることは，データの移動，演算，処理の流れの切替えなどである．

1章　演習問題

問題 1
　現在利用されているコンピュータは，そのほとんどすべてがノイマン型です．そこで，ノイマン型以外のコンピュータの構成方法について調査してください．

問題 2
　現在利用されている CPU の ① 種類や具体的名称を調べ，② その内部構造を調査してください．

第2章 コンピュータとプログラムの原理 (1)

[この章のねらい]

　本章では，単純な仮想 CPU を定義した上で，具体的な機械語プログラムの構成と動作を紹介します．

　機械語プログラムは数字の羅列ですから，人間にとってはとてもわかりにくいものです．また現在では，機械語プログラムを人間が手作業で作らなくてはならない局面はまずありません．それにもかかわらずここで機械語プログラムを取り上げるのは，機械語プログラムの動作原理の理解こそが，コンピュータおよびコンピュータプログラム一般の原理を理解する早道だからです．

　したがって本章の目的は，機械語プログラムの動作を学ぶことを通して，コンピュータとプログラムの原理を理解することにあります．

[この章で学ぶ項目]

　　2.1 機械語命令
　　2.2 順接処理
　　2.3 繰返し処理

2.1 機械語命令

機械語命令の具体的な表現は，CPU の種類ごとに全く異なります．そこで本節では，機械語プログラムを学ぶことを目的とした，単純な仮想 CPU である「exmini」を定義します．exmini は，機械語プログラムの雰囲気を味わってもらうためにここで新たに設計した，ごく単純な CPU[4] です．

[4] パソコンやスマホに使われている CPU は，exmini よりはるかに高機能かつ複雑である．

2.1.1 仮想 CPU「exmini」

まず初めに，仮想 CPU「exmini」の内部構造を簡単に説明しましょう．機械語によるプログラミングでは，特に CPU 内部のレジスタ構成を意識する必要があります．そこで，表 2.1 に，exmini のレジスタ構成を示します．

機械語プログラムを作成する上で特に意識すべきなのは，表 2.1 に示すように，アキュムレータ，ステータスレジスタ，それにプログラムカウンタの三つのレジスタです．exmini では，計算やデータ移動の途中結果はアキュムレータに格納します．また，計算結果に従って，ステータスレジスタの内容が変化します．本書の範囲では，ステータスレジスタ内部の Z フラグという名称のデータ領域を利用して，計算結果がゼロになったかどうかを判定します．プログラムカウンタは，次に実行すべき機械語命令が格納されているメモリアドレスを格納します．

exmini による機械語プログラム実行の手順は，1 章で紹介した一般の CPU の場合と変わりません．すなわち，下記の (1) から (3) を繰り返し実行することでプログラムが解釈・実行されます．

(1) exmini CPU が，メモリ上に格納された機械語命令を一つ取り出す．取出し先は，プログラムカウンタの指し示すアドレスである．プログラムカウンタの値は，次の機械語命令実行に備えて，自動的に増加する．
(2) exmini CPU は，メモリから取ってきた機械語命令の意味を解釈する．
(3) 機械語命令の意味に従って，計算やデータ移動などの処理を exmini CPU が行う

表 2.1　exmini のレジスタ構成

レジスタ名称	役割
プログラムカウンタ	次に実行すべき機械語命令が格納されているメモリアドレスを格納する
アキュムレータ	計算やデータ移動の途中結果を格納する
ステータスレジスタ（Z フラグ）	0 または 1 の値のみを有し，計算結果の状態を保持する（計算結果が 0 かどうかを保持する）

2.1.2　exmini の機械語命令

exmini は学習用の単純な CPU です．exmini の機械語命令の例を表 2.2 に示します．exmini の命令全般については，付録 1 を参照してください．

exmini では，機械語命令はすべて**オペコード** (opcode) と**オペランド** (operand) の組で表現されます．オペコードとは，命令の働きを表現する数値です．オペランドは，操作対象となるメモリのアドレスや，数値そのものを記述します．オペランドが何を意味するのかは，オペコードごとに異なります．

機械語命令の例を示します．たとえば，アキュムレータに数値 0 を格納するには，次のような命令を用います

　　1　　　0

ここで，最初の 1 はオペコードです．オペコード 1 の意味は，表 2.1 にあるように，「オペランドの値をアキュムレータにロード」することです．ロードとは，CPU にデータをコピーすることを意味します（図 2.1）．オペランドの値は 0 ですから，上記の命令は数値の 0 をアキュムレータにコピーするという意味になります．

上記の命令を CPU に実行させるには，何らかの手段でメモリ上の適当な場所に上記の命令を書き込む必要があります．その上で，CPU 内部のプログラムカウンタに，命令を格納したアドレスをセットしてやると，CPU が上記命令を実行します．その結果，アキュムレータに数値 0 が格納されます．

似たような機械語命令ですが，次の命令は少し意味が異なります．

表 2.2　exmini の機械語命令（一部）

オペコード	説明
1	オペランドの値をアキュムレータにロード
2	オペランドで指定した番地の内容をアキュムレータにロード
12	オペランドで指定した番地へアキュムレータをストア
21	アキュムレータの内容をインクリメント（オペランドは任意の値）
22	オペランドで指定した番地の内容をインクリメント
31	アキュムレータの内容をデクリメント（オペランドは任意の値）
32	オペランドで指定した番地の内容をデクリメント
42	オペランドで指定した番地の内容が 0 なら z フラグを 1 にセット
51	z フラグをゼロクリア（オペランドは任意の値）
52	z フラグに 1 をセット（オペランドは任意の値）
61	z フラグが 0 ならオペランドの番地にジャンプ
62	z フラグが 1 ならオペランドの番地にジャンプ
90	CPU の停止（オペランドは任意の値）

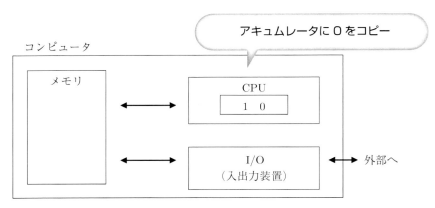

図 2.1 命令 1　0 により，アキュムレータに 0 がコピーされる

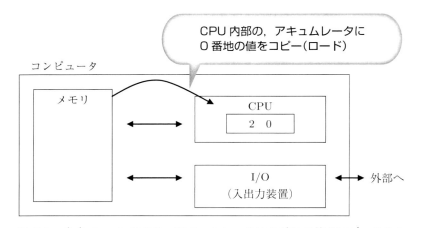

図 2.2 命令 2　0 により，アキュムレータに 0 番地の値がコピーされる

　　2　　0

　今度は，オペコードが 2 です．これは，表 2.1 より，「オペランドで指定した番地の内容をアキュムレータにロード」することを意味します．先ほどの場合と異なるのは，オペランドの 0 は数値ではなく，メモリのアドレスを指定したものであるということです．したがってこの場合には，0 という値がロードされるのではなく，メモリ上の 0 番地に格納されている値がアキュムレータにコピーされます．実際にロードされる値がいくつになるのかは，命令を実行してみないとわかりません．具体的な値はわかりませんが，上記の命令を実行した時点で 0 番地に格納されていた値がそのままアキュムレータにコピーされます（図 2.2）．

　さて，次の命令はどのような意味になるでしょうか．

　　12　　0

　今度は，オペコードが 12 です．12 は，表 2.2 からわかるように，「オペラ

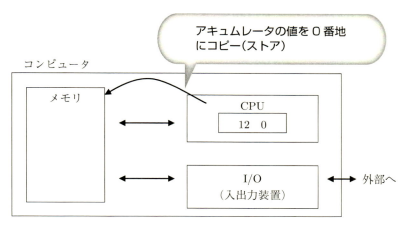

図 2.3　命令 12　0 により，アキュムレータの値を 0 番地にコピーする

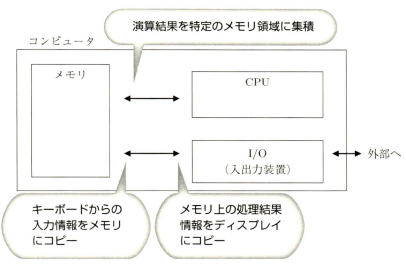

図 2.4　コンピュータ内部での情報の移動

ンドで指定した番地へアキュムレータをストア」することを意味します．ストアはロードの逆の操作で，CPU からメモリにデータをコピーすることを意味します（図 2.3）．したがって上記の命令は，アキュムレータにその時点で格納されている数値を，0 番地にコピーするという意味になります．

　ロード命令とストア命令を用いると，任意の数値を任意のメモリアドレス間でコピーすることができます．これにより演算の準備や結果の集積を行ったり，出力装置の制御情報を出力装置に送ったり，入力装置から情報を取り込んでメモリに格納したりすることができます．さらに，CPU を介して情報を移動させる際に，さまざまな演算を施すことで情報の加工が可能となります．CPU は，こうした枠組みで情報処理を進めています（図 2.4）．

2.2 順接処理

本節では，exmini の機械語命令を用いた入門的なプログラムを作成します．ここでは，メモリ上に配置された複数の機械語命令を，配置された順番に一つずつ実行するようなプログラムのみを扱います．また，実際にプログラムを実行するとどのように CPU が動作するのかを説明します．

2.2.1 データの移動

はじめに，前節で原理を紹介したデータの移動処理について，具体的に考えてみましょう．次の問題 2.1 を考えます．

問題 2.1
0 番地に格納された数値を 1 番地にコピーする機械語プログラムを作成せよ．

問題 2.1 のプログラムを実現する際に，CPU の機械語命令としてメモリ間のコピー命令があれば 1 命令でプログラムを書くことができます[5]．しかし exmini にはメモリ間のコピー命令はありませんから，次のような手順で複数の命令を使って処理を記述しなければなりません．

[5] そういった機械語命令を持つ CPU も世の中には存在する．

数値コピーの手順

① コピー元の数値を，メモリから，CPU 内のレジスタであるアキュムレータにコピーする（ロード命令）
② アキュムレータから，コピー先のメモリに対してデータをコピーする（ストア命令）

上記で，① はメモリから CPU へのコピーですから，ロード命令を用います．具体的には，0 番地がコピー元の番地ですから，0 番地からアキュムレータにデータをコピーする，次の命令を用います．

  2 0

② はストアですから，ストア命令を用います．問題より，格納先は 1 番地ですから，命令は次のようになります．

  12 1

以上の命令を，メモリ上の適当な場所に格納してやれば，問題 2.1 に対応するプログラムができあがります．プログラムを格納するメモリ領域は，操作対象となる 0 番地と 1 番地以外ならどこでもよいので，たとえば 10 番地から格納するとしましょう．図 2.5 に，機械語プログラムを格納した後のメモリ

メモリ

アドレス	値
0	10
1	20
...	
10	2
11	0
12	12
13	1
14	90
15	0
...	

機械語プログラムを格納した領域（10番地から15番地）

図 2.5 数値コピーのプログラムを格納した後のメモリの様子

表 2.3 10番地のロード命令を実行した直後のレジスタの値

レジスタ名	値	説明
アキュムレータ	10	0番地の値がロード（コピー）された
プログラムカウンタ	12	次に実行する機械語命令が格納された番地に自動更新された

の様子を示します.

図2.5で，0番地と1番地には，たまたま10と20が格納されていたとしています．10番地から後に機械語プログラムが格納されています．10番地と11番地がロード命令，12番地と13番地がストア命令です．14番地と15番地は，プログラムを停止させるための命令として，停止命令であるオペコード90が格納されています．図2.5から機械語プログラムを取り出して並べると，次のようになります．

　　2　0　12　1　90　0

上記のプログラムをCPUに実行させるには，プログラムカウンタに，プログラムの先頭番地である10を格納します．すると，CPUはまず，10番地と11番地に格納されたロード命令を実行します．結果として，0番地に現在格納されている値である10が，アキュムレータにコピーされます（表2.3）．なお，プログラムカウンタの値は，自動的に次の命令の格納された番地の値である12に更新されます．

次にCPUは，12番地と13番地に格納された命令を読み出します．これはストア命令なので，CPUはアキュムレータの値を1番地にコピーします（表2.4）．プログラムカウンタの値は，自動的に14に増加します．

最後にCPUは，14番地の停止命令を読み込みます．これにより，CPUが

表 2.4 12番地のストア命令を実行した直後のレジスタ等の値

レジスタ名および番地	値	説明
アキュムレータ	10	ストア命令では変化しない
プログラムカウンタ	14	次に実行する機械語命令が格納された番地に自動更新された
1番地	10	アキュムレータの値がストア（コピー）された

停止します．

2.2.2 データの設定と加工処理

次に，データの移動の途中で，数値に加工を施してみましょう．次の問題2.2 を考えます．

> **問題 2.2**
> 0番地に格納された数値を取り出し，1を加えてから1番地に格納する機械語プログラムを作成せよ．

この問題は，問題 2.1 のプログラムに変更を加えることで解決できます．以下に，処理手順を示します．

数値加工（1を加える）の手順

① コピー元の数値を，メモリから，CPU内のレジスタであるアキュムレータにコピーする（ロード命令）
② アキュムレータの内容をインクリメント（1だけ増やす）
③ アキュムレータから，コピー先のメモリに対してデータをコピーする（ストア命令）

上記で，①と③は先ほどの問題 2.1 の処理と同様です．上記の②では，数値コピーの途中でその値を1だけ増やします．この処理は，表 2.1 のオペコード 21 の機械語命令を用いることで行えます．なおオペコード 21 の命令は，オペランドの値は任意であり，何をオペランドに与えても実行結果に影響しません[6]．

以上より，問題 2.2 に対応する機械語プログラムは次のようになります．
2　0　21　0　12　1　90　0
このプログラムをメモリに配置する例を図 2.6(1) に示します．図 2.6(1) では，先ほどの例と同様，10 番地からプログラムを格納しています．

図 2.6(1) の状態で，10 番地からプログラムを実行した場合の実行過程を考えましょう．まず，10 番地のロード命令により，0番地から数値 10 がアキュ

---

[6] CPU の設計としてはあきらかに無駄な設計であるが，機械語命令の長さを統一してプログラムをわかりやすくするために，あえてこうした設計としている．

メモリ	
アドレス	値
0	10
1	20
...	
10	2
11	0
12	21
13	0
14	12
15	1
16	90
17	0
...	

(1) 実行前

メモリ	
アドレス	値
0	10
1	11
...	
10	2
11	0
12	21
13	0
14	12
15	1
16	90
17	0
...	

(2) 実行後

図 2.6 数値加工（1 を加える）のプログラムを格納した後のメモリの様子

ムレータにコピーされます．次に 12 番地のインクリメント命令により，アキュムレータの値が 1 だけ増加し，結果として 11 となります．次に，14 番地のストア命令によりアキュムレータの値 11 が 1 番地にコピーされます．最後に 16 番地の停止命令により，プログラムが停止します．プログラム実行後，メモリの様子は図 2.6(2) のようになります．

次の問題は，メモリに特定の数値を格納する処理です．

> **問題 2.3**
> メモリの 0 番地に，数値の 5 をセットせよ．

この問題が先の問題 2.1 と違うのは，メモリからメモリへのコピーではなく，特定の数値をメモリに書き込む点です．このためには，メモリからのロード命令の代わりに，オペコード 1 の「オペランドの値をアキュムレータにロード」という命令を使います．この命令でアキュムレータに値をセットし，その後アキュムレータの値をメモリにストアします．この考え方では，次のような処理手順が必要です．

特定の値をメモリにコピーする手順

① 特定の数値（ここでは 5）を，アキュムレータにコピーする（ロード命令）
② アキュムレータから，コピー先のメモリ（ここでは 0 番地）に対してデー

タをコピーする（ストア命令）

①に対応する機械語命令は次の通りです．

　　1　5

②の処理は，先ほどの場合と同様にストア命令を用います．

　　12　0

上記を組み合わせ，最後に停止命令を付け加えると，問題2.3に対応するプログラムができあがります．

　　1　5　12　0　90　0

上記のプログラムを適当なメモリ領域に書き込んで実行すると，メモリの0番地に5が書き込まれます．

2.3　繰返し処理

本節では，プログラム実行の流れを変えるジャンプ命令を使って，処理手続きを繰り返し実行させる方法を示します．

2.3.1　ジャンプ命令

CPUは，プログラムカウンタに格納されたアドレス値を手がかりに，メモリに格納された機械語命令を一つずつ順に実行します．ここまでのプログラム例では，プログラムの先頭から順に命令を実行し，いくつかの命令を実行してプログラムが終了する形式のものばかりでした．この間，プログラムカウンタの値は単調に2ずつ増加しています．

ここで，もしプログラムの実行中にプログラムカウンタの値を書き換えたらどうなるか考えてみましょう．図2.7で，10番地から機械語命令が格納されているとします．たとえば14・15番地の命令を実行し終えた際に，何かの機能によってプログラムカウンタの値が10に書き換えられたとします．

するとCPUは，次は10番地から機械語命令を取り出して実行を続けます．10番地の命令が終了すると，次は12番地の命令が実行され，以下最初の時と同様にプログラムの実行が進みます．このように，プログラムカウンタの値を書き換えることで，プログラム実行中に処理の流れを変更することができます．プログラムカウンタの値を書き換えるには，専用の機械語命令を利用します．このようなプログラムカウンタの値を書き換える命令を，一般に**ジャンプ命令**と呼びます．ジャンプ命令を使うと，ある処理を繰り返し実行するようなプログラムを作成することができます．たとえば，次のようなプログラムを考えてみましょう．

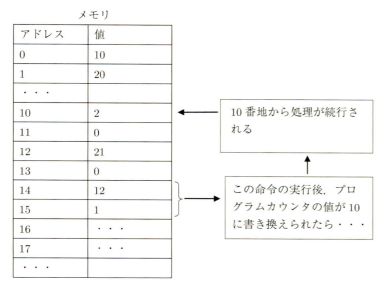

図 2.7 ジャンプ命令

> **問題 2.4**
> 0番地の値を繰り返し1ずつ増やし続けるプログラムを示せ．

この問題は，次のような処理手順によりプログラムとして実現できます．

0番地の値を繰り返し1ずつ増やし続ける手順

① 0番地の値を1増やす（インクリメント命令）
② 手順の①に戻る（ジャンプ命令）

上記では，①でインクリメント命令により0番地の値を1増やします．次に②で，プログラムカウンタの値を書き換えるジャンプ命令により，①の手順に戻ります．

具体的な命令を考えましょう．問題2.4で，前半部分の「0番地の値を繰り返し1ずつ増やす」ことについては，オペコード22の命令である「オペランドで指定した番地の内容をインクリメント」を用いることで，次のように表現できます．

22 0

上記の命令に続いて，ジャンプ命令を記述します．exminiは，オペコード61と62の，2種類のジャンプ命令が用意されています．これらのジャンプ命令は，いずれもCPU内部のステータスレジスタに含まれるZフラグの状態にしたがってジャンプを実行します．ここでは，Zフラグが0のときにジャ

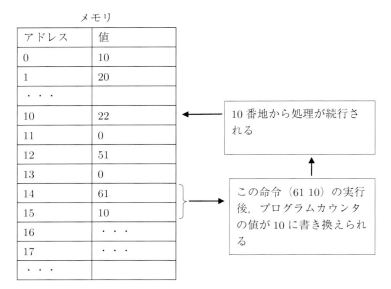

図 2.8 ジャンプ命令を用いた繰返し処理

ンプを実施する，オペコード 61 の命令を用いることにしましょう．

ジャンプ命令に先立って，まず Z フラグを 0 に設定します．これはオペコード 51 の「z フラグをゼロクリア」という機械語命令を用います．z フラグは 0 または 1 の値のみを取る記憶装置であり，それ以外の値にはなりません．なお，この命令では，オペランドの値は無視されますので，適当に 0 をオペランドとして与えておきます．

　　51　　0

次にオペコード 61 のジャンプ命令を用います．オペランドとして飛び先のアドレスを与えますが，ここではプログラムを 10 番地から格納することにして，ジャンプ命令のオペランドを 10 としましょう．

　　61　　10

これら三つの命令により，以下のようなプログラムが完成します．

　　22　0　51　0　61　10

以上，三つの命令を図 2.8 のようにメモリに格納し，10 番地から実行します．

プログラムを実行すると，まず 10 のインクリメント命令で 0 番地の値が 1 だけ増やされて 11 になります．次に 12 番地の z フラグのクリア命令で，z フラグが 0 になります．続く 14 番地のジャンプ命令により，プログラムカウンタの値が 10 となります．したがって CPU は次に 10 番地から機械語命令を取り出し，このインクリメント命令により 0 番地が 1 増やされて 12 となります．以降，ジャンプ命令で元に戻ってインクリメントする操作が続けられます．

図 2.8 のプログラムは，停止命令を含んでいません．したがって，このプログラムは永久にインクリメントとジャンプを繰り返します．このような繰返しを，**無限ループ**[7]と呼びます．無限ループに陥ったプログラムは，自分では止まることができず，人間がリセット信号を送るなどしない限りは処理を止めることができません．

2.3.2 条件判定とループ処理

無限ループは扱いに困りますので，今度は有限のループを使った処理例を紹介しましょう．問題 2.5 は，繰返し処理終了後にちゃんと停止するプログラムの例です．

> **問題 2.5**
> 0 番地の内容を 3 だけ増やすプログラムを示せ．ただし，作業領域[8]として 1 番地を用いてよい．

このプログラムは，次のような処理手順によって実現されます．

0 番地の値を 3 だけ増やす手順

① Z フラグに 0 をセットする
② 1 番地に 3 を格納する
③ 0 番地の値を 1 増やす
④ 1 番地の値を 1 減らす
⑤ 1 番地の内容が 0 かどうか調べる
⑥ 上記④の結果，1 番地が 0 でなければ手順の③に戻る

①はプログラム実行前の準備です．あとでジャンプ命令を用いる際に，CPU 内部の Z フラグの値が 0 かどうかを手がかりとしています．最初はジャンプの条件を成立させておくために，Z フラグをあらかじめ 0 に設定しておきます．これは先ほどの例と同様，次のように記述します．

　51　0

上記②も準備です．これは，問題 2.3 と同じようにして，次のように記述します．

　1　3　12　1

③は，問題 2.4 の①と同じです．

　22　0

④はデクリメント命令を用いて次のように記述します．

　32　1

⑤は，条件判定命令を用います．条件判定の命令はオペコード 42 です．

　42　1

[7] 普通は無限ループはプログラムのミス（バグ）であるが，ネットワークサーバのプログラムなどでは意図的に無限ループを構成する場合もある．

[8] プログラム実行中に，計算途中の値を一時的に保存しておくための領域のこと．

上記命令を実行すると，1番地の内容が0のときに，CPU内部のZフラグが1となります．

⑥はジャンプ命令です．飛び先は③ですから，このプログラムを10番地から格納したとすると，16番地に飛ぶことになります．

  6 1   16

以上の命令を並べて，最後にCPU停止命令を配置すると，次のようなプログラムが完成します．

  5 1 0 1 3 1 2 1 2 2 0 3 2 1 4 2 1 6 1 16 9 0 0

このプログラムを10番地から格納して実行すると，0番地の値が3だけ増加します．

なお，増加量が3であれば，繰返し処理を使わなくても[9] プログラムは書けます．しかし，ここで示したような繰返し処理を利用すれば，増加量が50でも100でも同様のプログラムで対応することができます．また，次章で扱うように，増加量があらかじめ決められていない場合でも対応することができます．この意味で，繰返し処理は強力な表現手法です．

[9] インクリメント命令を3回記述すればよい．

[2章のまとめ]

- 機械語プログラムや，プログラムの処理対象データは，メモリの適当な領域に格納する．
- 機械語プログラムを実行するには，プログラムの先頭番地をプログラムカウンタに書き込む．
- 機械語プログラムは，プログラムカウンタの値に従って順に実行される．
- プログラムカウンタの値を適宜書き換えることで，プログラムの適当な部分を繰り返し実行することができる．
- 計算結果に従って，繰返しの回数等を制御することができる．

2章　演習問題

問題 1

　　ノイマン型コンピュータでは，プログラムやデータをメモリに格納します．この際，プログラムもデータも数値ですから，メモリに格納されたのがプログラムかデータかは見た目には区別がつきません．もしプログラムカウンタにデータ領域のアドレスを格納してCPUに命令を実行させると，何が起こるでしょうか．

問題 2

　　3番地の値を2減らすプログラムを示してください．

問題 3

　　0番地の値を1減らし，それが0かどうかチェックして，もし0でないなら，さらに1減らすプログラムを示してください．ただしプログラムは10番地から格納します．

第3章　コンピュータとプログラムの原理（2）

［この章のねらい］

　本章では，前章に引き続いて，機械語プログラムと CPU の動作について説明します．また，実際に PC やスマートフォンで用いられている CPU の機械語命令がどうなっているのかも紹介します．

［この章で学ぶ項目］

　3.1 演算処理
　3.2 実際の機械語プログラム

3.1 演算処理

ここでは，インクリメントなどの基本的な命令しか持たない CPU である exmini を用いて，加算などの演算処理を行う方法を考えます．このためには，以下で説明するように，ジャンプ命令を利用した繰返し処理が必要になります．

3.1.1 二つの数値の加算

はじめに，演算処理の基本となる，二つの数値の加算処理[10]について考えてみましょう．

> **問題 3.1**
> 0 番地の値と 1 番地の値を加算し，結果を 0 番地に格納せよ．

[10] 今日，パソコンやスマホに用いられている CPU では，加減乗除やその他のさまざまな演算命令を備えているのが普通である．

普通，PC やスマホで利用されている CPU には，加算命令が用意されています．しかしここで例として扱っている CPU である exmini には，加算命令がありません．そこで，問題 3.1 は**インクリメント命令**や**デクリメント命令**を組み合わせて，ジャンプ命令を用いた繰返し処理により実現します．具体的な手順を示します．

0 番地の値と 1 番地の値を加算する基本手順：

① 0 番地の値を 1 増やす（インクリメント命令）
② 1 番地の値を 1 減らす（デクリメント命令）
③ 1 番地が 0 でなければ，手順の ① に戻る（ジャンプ命令）

上記では，図 3.1 に示すように，インクリメントとデクリメントを使って，ループ処理により加算を実行しています．この方法では 1 番地に格納された数値の値によって，繰返し処理の回数が異なります．したがって，1 番地の数値の値によって，プログラムの実行時間が変化することになります．

上記の手順を機械語で表現してみましょう．例によって，このプログラムは 10 番地から格納することにします．最初にジャンプ命令利用のための準備として，Z フラグに 0 をセットします．

　　51　0

次は手順 ① に従って 0 番地の内容を 1 増やします．

　　22　0

手順 ② に従って，1 番地の値を 1 減らします．

　　32　1

手順 ③ は，1 番地の内容のチェックと，ジャンプ命令で構成します．ジャン

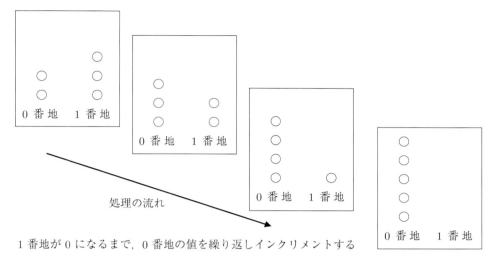

1番地が0になるまで，0番地の値を繰り返しインクリメントする

図 3.1 インクリメントとデクリメントによる加算処理の基本的な考え方

プ命令の飛び先は12番地です．

  42 1 61   12

最後に，CPUの停止命令を付け加えます．

  90   0

これらの命令を並べると，プログラムが一応完成します．

  51 0 22 0 32 1 42 1 61 12 90 0

　実はこのプログラムには，欠陥があります．次節ではプログラムの挙動を調べるとともに，この点を検討してみましょう．

3.1.2　プログラムのデバッグ

　前節で作成した加算プログラムを，図3.2に示すように10番地からメモリに格納します．その上で，図3.2のような設定でプログラムを実行した場合を考えましょう．

　図3.2では，0番地に1が，また1番地には2があらかじめ格納されています．この状態で10番地からプログラムを実行すると，12番地と14番地のインクリメントおよびデクリメント命令により，0番地の値が2に，1番地の値が1になります．このあと，1番地が0でないので，ジャンプ命令によりプログラムの実行は12番地に戻ります．すると今度は，12番地と14番地の命令により，0番地は3に，1番地は0になります．今度は1番地の内容が0ですから，ジャンプは実行されず，プログラムが終了します．プログラム実行後には，0番地が3に，1番地が0となります．この結果は，加算プログラムとして正しい結果です．

アドレス	値
0	1
1	2
...	
10	51
11	0
12	22
13	0
14	32
15	1
16	42
17	1
18	61
19	12
20	90
21	0
...	

メモリ

2を加える

インクリメント，デクリメントおよびジャンプ命令等の組合せにより，加算が正しく実行される

図 3.2 加算プログラムの動作
（1）正常に実行される例

では次に，図3.3のような状態で同じプログラムを実行した場合を考えてみましょう．今度は，0番地と1番地の内容はどのように変化するでしょうか．

図3.3の例では，1番地の値がはじめから0になっています．したがって，この場合には加算は行わず，ただちに終了するのが正しい動作です．しかし実際には，プログラムの手順にしたがって0番地のインクリメントと1番地のデクリメントが行われるため，プログラムの処理が進行してしまいます．この結果，1番地の値は0よりも小さな値[11]となり，1番地が0かどうかという条件判定によって「0ではない」という判断がくだされます．その結果，ジャンプ命令が実行されてしまいます．あとは，1番地の値のデクリメントが繰り返し実行され，プログラムは期待されない処理をいつまでも繰り返します．

以上のように，このプログラムにはミスがあります．このようなプログラムのミスを**バグ**（bug）[12]と呼びます．また，バグを修正することを**デバッグ**（debug）と呼びます．

それでは，上記のプログラムをデバッグしてみましょう．ここでは，0を加える特殊な場合を検出して，その場合の処理を中止するようにしてみましょう．このためには，繰返し処理に先立って，1番地の内容が0かどうかをチェッ

[11] exminiによるシステムでは，メモリに格納できるのは符号を伴わない数値だけである．このため，0をデクリメントすると，実際には0より小さな負の数とはならずに，メモリに格納可能な最大の整数となる．

[12] 本来は昆虫などの"虫"を意味する英単語である．

アドレス	値
0	2
1	0
...	
10	51
11	0
12	22
13	0
14	32
15	1
16	42
17	1
18	61
19	12
20	90
21	0
...	

メモリ

0 を加える

2+0 の計算なので，本来は加算処理は不要だが，ジャンプ命令により処理が繰り返されてしまう

図 3.3　加算プログラムの動作
（2）正常に実行されない例

クします．もし 0 であれば，処理をそこで終了します．

この考え方でプログラムを修正すると，次のようなプログラムができあがります．

51　0　42　1　62　24　22　0　32　1　42　1　61　16　90　0

3.2　実際の機械語プログラム

ここまでは，学習用の仮想的な CPU である exmini によって機械語命令によるプログラミングについて説明してきました．本節では，実際の PC やスマートフォンで利用されている CPU がどのようなものであるか，また，実際の機械語プログラムがどの程度の規模であるかを見てみましょう．

3.2.1　実際に PC やスマートフォンで用いられている CPU の例

現在，PC の世界で最もよく用いられていのは，Intel 社の CPU です．たとえば Intel 社の Core i7 という CPU では，CPU の動作のタイミングを与える信号の周波数は数十億 Hz であり，回路を構成する基本素子であるトランジスタの個数は 14 億個程度です．内部には四つの CPU が含まれており，同

表 3.1 実用的な機械語プログラムのデータ量（本体のみ）

番号	プログラムの種類	データ量 （単位：バイト）
1	ワープロ A	1423000
2	ワープロ B	1533536
3	Web ブラウザ A	815272
4	Web ブラウザ B	376944

時並列的に複数のプログラムを実行することが可能です．

スマートフォンに代表される小型の端末装置では，ARM 社の設計した CPU が広く利用されています．用途に合わせてさまざまな CPU が開発されていますが，上位機種にあっては，PC 用の CPU に負けないほどの回路規模や処理能力を有しています．

3.2.2 実際の機械語プログラム

本書でこれまでに作成した機械語プログラムは，機械語命令の個数が数個からせいぜい 10 個程度の，ごく小さな規模のプログラムばかりです．パーソナルコンピュータで利用されるような実際の機械語プログラムはどの程度の規模なのでしょうか．

実際の機械語プログラムの例として，たとえばワープロソフトや Web 閲覧ソフトを見てみましょう．表 3.1 に，典型的なパソコン用ソフト本体のデータ量の例を示します．データ量は，英数字や記号など 1 文字分に対応する単位である**バイト** (byte) を用いて表現しています．

表 3.1 を見ると，いずれのプログラムも，そのデータ量はきわめて大規模です．したがって，これまで本書で行ってきたような方法でこれらのプログラムを作成することはとてもできません．実際，プログラム開発現場では手作業で機械語命令を組み合わせるようなプログラミング方法が取られることは決してありません．

実際には，機械語命令を組み合わせるのではなく，**プログラミング言語** (programming language) を用いてプログラム開発を行います．本書では以降，プログラミング言語を用いたプログラム開発の方法について述べることにします．

[3 章のまとめ]

- 機械語命令を組み合わせることで，さまざまな処理プログラムを構成することができる．
- プログラムのミスを修正する作業をデバッグと呼ぶ．
- 実用的なプログラムでは，プログラムの規模は数百万命令以上にもおよぶ．
- 機械語プログラムの手作業による作製は非効率的であるため，今日では，実用的な機械語プログラムの作製を手作業で行うことはほとんどない．

3章　演習問題

問題 1

exminiの機械語を利用して減算を行うプログラムを作成する方法を説明してください．また，乗算はどうすれば実現できるでしょうか．

問題 2

図3.3の場合のように，終了条件が満たされないような繰返し処理を行うプログラムを停止させるにはどうすればよいでしょうか．

> ### コラム1：機械語プログラムは難しい
>
> 　機械語のプログラムは，読むのも書くのも大変難しいやっかいな代物です．これは，機械語命令が CPU の電子回路を制御するためのものであり，コンピュータのハードウェアの都合で決められたものであるためです．このため，命令の定義表が与えられない限り，機械語命令の数値を見るだけではその意味を想像することすらできません．後で述べるように，プログラミング言語の利用が一般化した現在では，直接人手で機械語プログラムを作成することはまずありません．
>
> 　しかし，20世紀中ごろのコンピュータが誕生した直後の時期には，まだプログラミング言語はありませんでした．そこでその当時は，機械語によるプログラミングが一種の名人芸としてなされていました．
>
> 　現在残っている名人芸的機械語プログラムの一つに，EDSAC の "initial order" という機械語プログラムがあります．このプログラムは31語の短いプログラムですが，巧妙な仕掛けによってその何倍もの量のプログラムと同等の動作を行うことができます．ここでは詳細を説明することができませんが，興味がある人はぜひ調べてみてください．

第4章　アセンブラ，コンパイラ，インタプリタ

[この章のねらい]

　本章では，機械語プログラムを手作業で作製するかわりに，より効率的にプログラムを作成する方法として，プログラミング言語による方法を紹介します．実際のプログラム開発の局面では，より効率的なプログラム開発方法として，本章で紹介するプログラミング言語による方法がとられています．

[この章で学ぶ項目]

　　4.1 アセンブリ言語とプログラミング言語
　　4.2 コンパイラとインタプリタ

4.1 アセンブリ言語とプログラミング言語

ここでは最初に機械語プログラムを効率的に開発する方法としてアセンブリ言語の利用を紹介します．次に，さらに効率的なプログラミング言語の考え方を紹介します．現在では，プログラム開発にはプログラミング言語を用いるのが普通です．

4.1.1 アセンブリ言語

これまで扱ってきた機械語命令は，一般に，人間にとって非常にわかりづらいものです．機械語命令によるプログラミングにはいくつもの欠点がありますが，そのうちの一つに，機械語が単なる数字の並びであることが挙げられます．たとえば次の機械語命令は，0 番地からアキュムレータにデータをコピーする機械語命令です．

```
   2    0
```

しかし，これがそうした意味を持つことは，これらの数値の並びからは想像もつきません．

そこで，機械語である数値の代わりに，その意味を表現するアルファベットの並びを対応付ける方法が考案されました．たとえば上記であれば，数値でプログラムを書く代わりに次のように表現します．

```
   lda    0
```

上記で，lda は load accumulator を意味します．このように，オペコードの代わりに用いるアルファベット文字列を**ニモニック** (mnemonic)[13] と呼びます．ニモニックを用いると，数字ばかりだった機械語プログラムが読みやすくなります．

[13] 本来，「記憶を助ける」とか「記憶術」といった意味の英単語である．

ニモニックを使ったプログラムの表現例を図 4.1 に示します．図 4.1 では，ロード命令に続いて，ストア命令 sta を用いています．さらに，プログラムの最後に CPU の停止命令である halt 命令を配置しています．なお，付録 1 に exmini のニモニック一覧を示します．

ニモニックを用いるとプログラムがとても読みやすくなります．さらに，ジャンプ命令の飛び先命令を記号で指定したり，操作対象のメモリ領域を記号で指定したりできると，プログラムがより扱いやすくなります．このような表現方法によるプログラム記述を，**アセンブリ言語** (assembly language) による記述と呼びます．

アセンブリ言語によるプログラムの記述例を図 4.2 に示します．図 4.2 のプログラムでは，ニモニックによる表現を用いているほか，ジャンプ命令 "jnz" の飛び先となる命令を$loop という記号で指定しています．さらに，プログラム中にメモを記入するための記号として，//という表現を用いています．//

に続く部分は**コメント** (comment) と呼ばれ，プログラムの説明を自由に記述することができます[14]．

[14] //に続く部分は，あくまで"コメント"であり，プログラムの説明にすぎない．コメントとして何を書いても，プログラムの内容には何の影響も与えない．

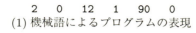
(1) 機械語によるプログラムの表現

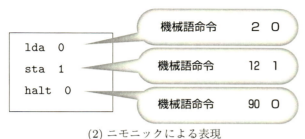
(2) ニモニックによる表現

図 4.1　ニモニックによる機械語プログラムの表現

```
        clz 0               //z フラグをリセット（ゼロクリア）
        ldi 3
        sta 0               //0 番地を 3 にセット
$loop   dec 0               //0 番地を 1 減らす
        inc 1               //1 番地を 1 増やす
        cmp 0               //0 番地が 0 かどうかチェック
        jnz $loop           //ゼロでなければ$loop へ
        halt 0              //プログラムの停止
```

図 4.2　アセンブリ言語によるプログラムの記述例

4.1.2　プログラミング言語

　アセンブリ言語を使えば，機械語命令を並べただけの機械語プログラムと比較してかくだんに可読性が向上します．しかし，アセンブリ言語は機械語命令を読みやすくするための工夫であり，機械語の枠組みに依存した言語です．このため，現代の社会における大規模なプログラムの記述にはまだまだ不十分です．そこで，**プログラミング言語** (programming language) の出番となります．

　プログラミング言語は，人間にとってよりなじみやすい記述が可能な表現方法です．たとえば，**C 言語**や **C++言語**，あるいは **Java** 言語など，現在広く利用されているプログラミング言語では，四則演算を次のように表現することができます．

```
3+5
7.39-9.32
4200*6800
 9.01/3.22
```

　上記において，記号*は乗算を意味し，記号/は除算を意味します．このように，プログラミング言語では，機械語表現とは比べものにならないほどわかりやすい記述が可能です．実際のプログラミング言語では，このような計算式のほか，条件判定や繰返し処理の記述や，計算過程での一時的なデータ保存などの処理を記述することが簡単にできます．

　ところで，プログラミング言語には，数多くの種類があります．いまあげたC言語やC++言語，Java言語などはその一例にすぎません．それぞれのプログラミング言語は，用途に応じていろいろな特徴を有しています．その特徴には，たとえば数値計算プログラムの記述に便利であるとか，プログラムを試しながら作るのに向いているとか，あるいは多種多様なコンピュータで扱うことができるとか，さまざまな側面があります．本書の次章以降では，C言語およびC++言語を例にとりつつ，Java言語などその他のさまざまなプログラミング言語から共通した部分も取り上げて，プログラム記述の具体的な方法を紹介していきます．

4.2　コンパイラとインタプリタ

　CPUが実行できるのは機械語プログラムだけです．したがって，プログラミング言語でプログラムを記述しても，そのままではCPUに実行させることはできません．したがってプログラミング言語で記述したプログラムを実行するためには，機械語に変換する必要があります．その方法には，大きく分けて**コンパイラ方式**と**インタプリタ方式**の二つの方法があります．ここでは，これら二つの方法について説明します．

4.2.1　コンパイラ

　プログラミング言語で記述したプログラムは，同じ意味を持つ機械語プログラムに対応しています．そこで，あらかじめ書換えの規則を埋め込んだプログラムを作成して，プログラミング言語の記述を機械語プログラムの記述に書き換える作業を自動的に行わせることが可能です．このように，プログラミング言語で記述したプログラムを対応する機械語プログラムに自動的に置き換える処理を行うプログラムを**コンパイラ** (compiler) と呼びます．図4.3

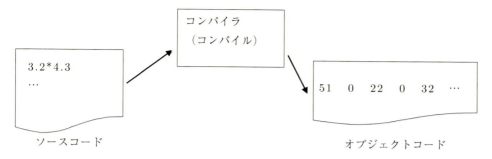

図 4.3　コンパイラの処理過程

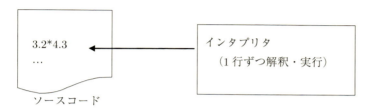

図 4.4　インタプリタによるソースコードの実行

にコンパイラの処理過程を示します．

図 4.3 にあるように，プログラミング言語で記述したプログラムのことを一般に**ソースコード** (source code) あるいは**ソースプログラム** (source program) と呼びます．コンパイラはソースコードを入力情報として受け取り，プログラムに記述された内容を解釈して，対応する機械語プログラムである**オブジェクトコード** (object code) を出力します．この操作を**コンパイル** (compile) と呼びます．

コンパイラの出力するオブジェクトコードは，ある特定の CPU の機械語で表現された機械語プログラムです．したがってコンパイル時には，ソースコードを記述した言語用のコンパイラを用いる必要があるばかりでなく，どの CPU を用いてオブジェクトコードを実行するかをあらかじめ決めたうえで，適切なコンパイラを選択する必要があります．

4.2.2　インタプリタ

プログラミング言語で記述されたプログラムを CPU に実行させるもう一つの方法は，**インタプリタ** (interpreter) を用いる方法です．インタプリタはコンパイラと異なり，ソースコードを一括して機械語プログラムに変換することはありません．代わりに，ソースコードを 1 行ずつ読み込んで，そのつど解釈して実行します（図 4.4）．

インタプリタを用いると，プログラムを少しずつ作成してその動作を試すといった，柔軟なプログラム開発の手法を取ることが可能です．またインタ

プリタによる実行では，オブジェクトコードを生成するコンパイルの作業は必要ありません．その代わり，インタプリタはソースコードを 1 行ずつ解釈・実行を進めるので，実行時にインタプリタのプログラムが必要です．また，実行速度は，コンパイラの出力する機械語プログラムを実行する場合より遅いのが普通です．

　以上のように，コンパイラとインタプリタにはそれぞれ長所があります．実際のプログラム言語処理系では，用途に合わせてコンパイラ方式やインタプリタ方式が採用されています．なお，本書で扱う C 言語や C++ 言語では，コンパイラ方式を用いるのが普通です[15]．

15) 例外的ではあるが，インタプリタ形式の C 言語処理系も存在する．

[4 章のまとめ]

- アセンブリ言語は，機械語を人間にとってより扱いやすい形式で表現するための言語体系であるが，現在では，アセンブリ言語を使って人間が手作業でプログラムを書くことはほとんどない．
- 現在では，プログラム作成にはプログラミング言語を用いるのが普通である．
- プログラミング言語には多くの種類がある．
- プログラミング言語によって記述したプログラムを実行する方式には，コンパイラ方式とインタプリタ方式がある．

4章　演習問題

問題 1
　　アセンブリ言語が機械語よりもすぐれている点を挙げてください．

問題 2
　　プログラミング言語にはさまざまな種類があります．どんなプログラミング言語があるか調べ，その名称を示してください．

問題 3
　　コンパイラ (compiler) とインタプリタ (interpreter) それぞれについて，英単語としての本来の意味を調べてください．

第5章 手続き的処理（1）順接処理

[この章のねらい]

　本章では，プログラミング言語を利用したプログラム作成の第一歩として，はじめから終わりまで順番に一つずつ処理を行うようなプログラムの記述について扱います．具体的には，プログラム開発の具体的な手順を説明したあとに，ディスプレイへの情報の出力や，キーボードからのデータ入力，あるいはデータの一時的保存等の記述方法を紹介します．

[この章で学ぶ項目]

　5.1 プログラミング言語を用いたプログラム開発の方法
　5.2 出力
　5.3 入力と代入

5.1 プログラミング言語を用いたプログラム開発の方法

本節では，プログラミング言語を用いたプログラム開発の方法を説明します．本書では例題を記述するプログラミング言語として，C言語およびC++言語を例として取り上げます．前章で述べたように，これらの言語では，一般にコンパイラによる処理系が用いられています．以下では，コンパイラを単独で用いる基本的な方法と，コンパイラを含めたさまざまなソフトがひとまとめになった統合開発環境を用いる方法の，二つの方法を紹介します．どちらを利用してもプログラム開発は可能ですので，利用しやすい環境を選んでください．

5.1.1 エディタとコンパイラを用いたプログラム開発

4章で説明したように，コンパイラによるプログラミングでは，ソースコードをコンパイラでオブジェクトコードに自動変換することで，プログラミング言語によるプログラムと同じ意味の機械語プログラムを手に入れることができます．したがって，ソースコードを作成すれば，目的とする機械語プログラムを得ることができます．

ソースコードは，プログラミング言語を使って記述したプログラムです．プログラミング言語によるプログラムは，人間がそのまま読み下すことのできる，アルファベットによる単語や数字，記号などで記述した普通の文書です．そこで，ソースコードは文書編集ソフトで作成することができます．文書編集ソフトとは，たとえばワープロなどのように，文書ファイルを作成するために用いるソフトです．

ソースコードは，ワープロでも作成できますが，一般にはよりプログラミングに特化した**エディタ** (editor) と呼ばれる文書編集ソフトを用いるのが普通です．エディタにはさまざまな種類がありますが，たとえば vi や emacs，あるいは gedit などはプログラミング向けエディタの定番です．図 5.1 に，エディタとコンパイラを用いたプログラム開発の手順を示します．

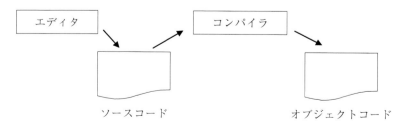

図 5.1　エディタとコンパイラを用いたプログラム開発の手順

図5.1で，プログラム開発者はまずエディタを使ってソースコードを作成します．この作業をコーディングと呼びます．次に，コンパイラを使ってソースコードをオブジェクトコードに変換します．この操作がコンパイルです．オブジェクトコードは，機械語プログラムとしてCPUにより実行することが可能です．実行後，期待した機能が得られればプログラム開発は終了です．もし期待と異なっていたり，プログラムが動作しなければ，デバッグの作業が必要となります．この場合，エディタを用いてソースコードを修正し，コンパイルしなおして再び実行し，その結果を調べます．

5.1.2　統合開発環境

　統合開発環境とは，エディタやコンパイラが一体となったプログラム開発ソフトウェアのことをいいます．統合開発環境を用いると，エディタやコンパイラを個別に呼び出す必要がなく，一つのソフトウェアだけでプログラムの開発を進めることができます（図5.2）．

統合開発環境

```
エディタ
コンパイラ
その他のツール（デバッガなど）
```

図 5.2　統合開発環境を用いたプログラム開発

　統合開発環境では，いちいちエディタやコンパイラを呼び出す手間が省けるだけでなく，ソースコードやオブジェクトコードの管理などのファイル管理機能や，デバッグを支援するデバッグ機能などが用意されています．このため，統合開発環境をうまく利用すると，プログラム開発の効率化が可能です．

5.2　出力

　プログラミング言語によるプログラム作成の第一歩として，ディスプレイに文字などを描くプログラムについて扱いましょう．以下では，決められた文字を描くプログラムや，計算式の計算結果を出力するプログラムを示します．

5.2.1　文字の出力

　はじめに，ディスプレイに決められた文字を表示するプログラムの書き方を紹介します．

16) "Hello,world" は，伝統的にプログラミング入門の例題としてよく使われる文字列である．

問題 5.1
ディスプレイに "Hello,world!"[16] と描くプログラム hello.c を示せ．

図 5.3 に，問題 5.1 の答えとなる hello.c プログラムのソースコードを示します．

```
#include <stdio.h>

int main()
{
 printf("Hello,world!¥n") ;
}
```

図 5.3 hello.c プログラム[17]

17) このプログラムでは，9 章で説明する return 文が省略されている．これは初学者の理解を妨げないための配慮であり，巻末に示した参考文献 4.(1) の 1 章における記述に倣ったものである（return 文の詳細については 9 章の該当箇所を参照のこと）．

図 5.3 のプログラムは，hello.c という名称のファイルに格納することにします．エディタなどを用いて図 5.3 のとおりにソースコードを記述してください．その後，コンパイルすることで，オブジェクトコードを得ることができます．続いてオブジェクトコードを格納したファイルのファイル名をコンピュータに与えることで，プログラムを実行することができます．

hello.c プログラムを実行すると，次のような出力を得ることができます．

```
Hello,world!
```

図 5.3 のプログラムで，実際に文字出力に関係するのは次の 1 行です．

```
printf("Hello,world!¥n") ;
```

上記で，**printf** は関数名を表しています．C 言語や C++ 言語では**関数** (function) とは，あるひとまとまりの処理を行うプログラムの一部を意味します．上記は，あらかじめ C 言語のシステムに組み込んである printf という名前の関数を呼び出すことを意味します．

続くカッコ内には，実際に出力したい文字列を記述します．C 言語や C++ 言語では，文字列は "（ダブルクオート）で囲みます．ここでは，Hello,world! という文字列を" で囲んでいます．行の最後に

```
¥n
```

という余分な文字が付け加えてあります．この 2 文字は，**改行**を意味してい

ます．つまり，文字列を出力したあとに，次に文字を出力する際には次の行の先頭に打ち出すという指示を表しています．

図5.3で，printf関数の呼出し以外の行は，プログラム実行の準備に関する指示です．1行目の

```
#include <stdio.h>
```

は，入出力処理に関する準備を指示する行です．また，

```
int main()
```

は，続くカッコ内 ╬ に処理の本体を記述する，ということを意味します．このカッコ内には，複数の行を記述することが可能です．各行は，先頭から順に1行ずつ実行されます．たとえば，図5.4のプログラム hello2.c を実行すると，Hello,world!を2行出力します．

```
#include <stdio.h>
int main()
{
 printf("Hello,world!\n") ;
 printf("Hello,world!\n") ;
}
```

（1）hello2.c プログラムのソースコード

```
Hello,world!
Hello,world!
```

（2）hello2.c プログラムの実行結果

図 5.4　メッセージを2行出力するプログラム hello2.c

5.2.2　計算式の計算結果の出力

4章で述べたように，プログラミング言語を用いると計算式を簡単に記述することができます．次の問題を見てください．

問題 5.2
　　$5 \times 13 + 20 \div 2$
の値を計算するプログラムを示せ．

上記の計算結果を出力するプログラム calc.c を図5.5（1）に示します．実行すると，（2）のように計算結果である75を表示します．

```
#include <stdio.h>

int main()
{
 printf("%d¥n",5*13+20/2) ;
}
```

（1）calc.c プログラムのソースコード

```
75
```

（2）calc.c プログラムの実行結果

図 5.5　calc.c プログラム

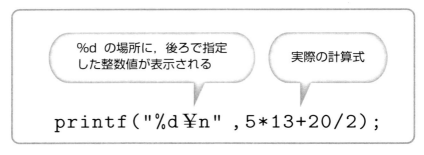

図 5.6　calc.c プログラムにおける printf 関数の呼出し

　calc.c プログラムにおいて，printf 関数の呼出しでは，図 5.6 のような記述を行っています．先の hello.c プログラムの説明において述べたように，実際に出力させたい内容はダブルクオート" "で囲って記述します．calc.c プログラムでは，ダブルクオートの中には，%d という記号と，改行の記号（¥n）が記述されています．このうち，%d は，この場所にうしろで指定した整数値を表示させるという意味を持っています．すなわち，図 5.6 に示すように，ダブルクオートの後にカンマで区切って記述した数式の計算値が，%d で指定した場所に出力されます．この結果，図 5.5(2) のように，計算結果が出力されます．

5.3　入力と代入

　本節では，名前で指定できる記憶領域である変数の概念を紹介します．また，キーボードから数値などを読み込む入力の方法を示します．

5.3.1　変数の概念と代入

　CPU がメモリ上に数値を格納するには，メモリのアドレスを指定する必要

がありました．プログラミング言語ではメモリのアドレスを用いる必要はなく，代わりに，**変数** (variable) を利用することができます．変数は，メモリ上の特定の記憶領域に値を格納するための仕組みであり，変数に与えられた名前である変数名を利用して，値を記録したり読み出したりすることができます．

変数の使用方法を理解するために，次の問題を考えましょう．

問題 5.3
　二つの変数 first と second を用意し，両者の和と積を出力するプログラムを示せ．ただし，first の値は 5 とし，second の値は 7 とせよ．

問題 5.3 に対応するプログラム variable.c を図 5.7 に示します．

```
#include <stdio.h>

int main()
{
 int first,second;

 first=5 ;
 second=7 ;
 printf("%d,%d¥n",first,second) ;
 printf("%d+%d=%d¥n",first,second,first+second) ;
 printf("%d*%d=%d¥n",first,second,first*second) ;
}
```

（1）ソースコード

```
5,7
5+7=12
5*7=35
```

（2）実行結果

　　図 **5.7**　変数の使用方法を説明するためのプログラム `variable.c`

variablie.c プログラムでは，問題に示された条件にしたがって，first と second という二つの変数が使われています．C 言語や C++ 言語では，変数を利用する場合にはあらかじめ変数を定義しておく必要があります[18]．variable.c プログラムの 4 行目では，次のように変数を定義しています．

```
   int first,second ;
```

ここで行頭の int は，この変数が**整数** (integer) であることを意味しています．

[18] 言語によっては，定義不要なものもある．

一般に変数には，整数や文字など，あらかじめ決められた特定の形式のデータのみを格納します．この形式のことを，変数の**型** (type) と呼びます．C言語では，表 5.1 に示すような型を扱うことができます．

表 5.1　C言語における変数の型

型の名称	説明
char	文字
int	整数
float	浮動小数点数（小数や指数を含む形式の数）
double	浮動小数点数（float 型よりも多くの桁数を保持できる）

変数には値を書き込むことができます．たとえば variable.c プログラムの 5 行目と 6 行目には，次のような記述があります．

```
first=5 ;
second=7 ;
```

これは，first に 5 を，second に 7 を書き込むという意味です．このような記述を**代入** (assignment) と呼びます．上記で記号 = は「等しい」という意味ではなく，「右辺の値を左辺に代入する」という処理を意味します[19]．

変数は，代入された値を保持します．そして，変数名を指定することで，変数が保持している値を読出すことができます．この操作を，変数の参照と呼びます．variable.c プログラムでは，7 行目から 9 行目の printf 関数の呼出しによって，2 つの変数に格納された値を出力したり，値を使った計算を行っています．たとえば 7 行目では，次のような記述により，変数 first と second の値を参照しています．

```
printf("%d,%d¥n",first,second) ;
```

同様に 8 行目では，二つの変数 first と second の値を加算し，その結果を出力しています．

```
printf("%d+%d=%d¥n",first,second,first+second) ;
```

5.3.2　入力

プログラムの実行中にプログラムがデータを受け取る処理を「入力」と呼びます．ここでは，キーボードから数値を入力して計算を施すプログラムを示しましょう．

[19] 詳しく言うと，右辺の値を計算し，その結果の値を左辺で指定された記憶領域に書き込むことを意味する．

問題 5.4
　入力された整数を 2 倍および 3 倍するプログラム mult.c を示せ．

　図 5.8 に，入力された整数を 2 倍および 3 倍するプログラム mult.c のソースコードと実行例を示します．

```
#include <stdio.h>

int main()
{
 int data ;

 scanf("%d",&data) ;
 printf("%d,%d¥n",data*2,data*3) ;
}
```

（1）mult.c のソースコード

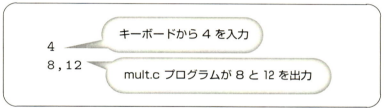

（2）mult.c プログラムの実行例

図 5.8　入力処理の例題プログラム mult.c

mult.c プログラムで，キーボードからの数値の入力を担当しているのは，5 行目の次の記述です（図 5.9）．

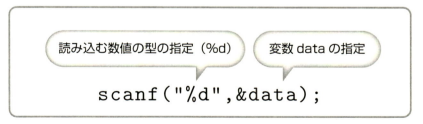

図 5.9　scanf 関数による数値の入力

この行は，システムにあらかじめ用意されている **scanf 関数**を呼び出すことで，変数 **data** に整数値を読み込むという処理を記述しています．scanf 関数は，指定された型の値を読み込んで，指定された変数に格納する働きがあり

ます．図 5.9 では，"%d" と書くことで型として整数を指定しています．
読み込む変数を指定するには，& 記号に続いて変数名を記述します．図 5.9 では，&data と書くことで data という変数を指定しています．

[5 章のまとめ]

- プログラミング言語を用いたプログラム開発では，エディタとコンパイラを用いる方法や，統合開発環境を用いる方法がある．
- ディスプレイに文字や数値を出力したり，キーボードから数値などを読み取るには，プログラミング言語で用意されている入出力のための仕組みを用いる．
- 変数とは，名前によって指定することのできる記憶領域である．変数には値を代入することができる．また，代入されている値を参照することができる．

5章　演習問題

問題 1

みなさんの身近なコンピュータで，エディタとコンパイラ，あるいは統合開発環境によるプログラム開発のための枠組みを用意してください．

問題 2

次のように文字列を出力するプログラム hello3.c を示してください．

  Hello,world!
  Thank you!

問題 3

次のように出力するプログラム calc2.c を示してください．

 30*2+52/3=77

問題 4

二つの整数値を読み込んで，両者をかけ合わせるプログラム mult2.c を示してください．

実行例
2
3
6

第6章　手続き的処理（2）
　　　　条件判定と繰返し処理

［この章のねらい］

　本章では，条件判定と繰返し処理をプログラミング言語を用いて記述する方法を説明します．前章の場合と同様に，機械語による表現と比較して，これらの記述方法は人間にとって格段に理解しやすいものです．なお本章でも，C言語やC++言語を念頭に説明を進めます．

［この章で学ぶ項目］

　6.1 条件分岐
　6.2 決められた回数の繰返し

6.1 条件分岐

本節では，条件判定の方法を紹介します．条件判定にはさまざまな方法がありますが，ここでは **if 文** による条件判定を扱います．

6.1.1 条件判定の方法

はじめに，条件判定の方法を説明します．図 6.1 に，条件判定文の一例を示します．図 6.1 は，後で示す例題プログラムである，if.c プログラムの一部です．

図 6.1 では，if 文による条件判定の例を示しています．図のように，if という書出しに続いて，カッコで条件判定の式を記述します．図の例では，変数 data の値が 0 より大きいという条件を，次のように記述しています．

```
data>0
```

このように，条件判定は変数や定数，比較の記号などで構成します．C 言語や C++言語における比較の記号を表 6.1 に示します．

if 文では，条件が成立すると，その直後に置かれた文が実行されます．図 6.1 の例では，printf 関数を呼び出して，Plus!という文字列を出力します．if 文では，実行させるための文は一つしか書けませんが，複数の文を書きたい場合には中カッコ {} で複数の文をひとまとめにして記述します．

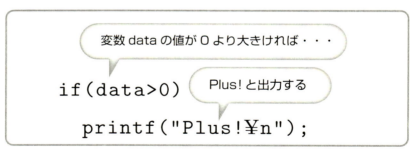

図 6.1　条件判定の方法（if.c プログラムの一部）

表 6.1　C 言語や C++言語における比較の記号

記号	記述例	記述例の意味
>	$a>0$	a が 0 より大きい
<	$a<0$	a が 0 より小さい
==[20]	$a==0$	a は 0 と等しい
>=	$b>=10$	b は 10 以上
<=	$b<=10$	b は 10 以下

20) 等しいかどうかの比較は "==" であり，"=" ではない．"a == 1" と書くところを "a = 1" と書くと，比較ではなく代入になってしまい，全く異なる結果となる．このミスはとても見つけにくいので，特に注意が必要である．

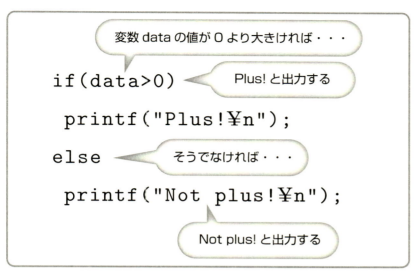

図 6.2 else の使い方

　図 6.2 では，**else** という記述方法を利用しています．この例では，変数 data が 0 より大きければ Plus! と出力し，そうでなければ else の後の printf 関数によって Not plus! と出力します．このように，else は if とペアで用いることで，条件が成立した場合と成立しなかった場合の場合分けを記述することができます．

6.1.2 条件判定を用いたプログラム

　それでは次に，条件判定を用いたプログラムの例を見ていきましょう．

> **問題 6.1**
> 　入力された数値が正かどうかを判定するプログラムである if.c を示せ．

　図 6.3 に，if.c プログラムを示します．if.c プログラムでは，scanf 関数により入力された値を図 6.2 と同様の if 文によって判定し，結果を出力します．
　なお，ソースコード中で，/*から始まって*/で終わる，次のような記述が見受けられます．

```
/* if.c プログラム */
/*入力値を格納*/
```

　これらは，**コメント (comment)**[21] と呼ばれる記述です．コメントは，アセンブラにおけるコメントと同様に，ソースコードに対して付加する注釈文です．コメントは，ソースコードを読解する手助けとなるよう，プログラム作製者が書き加えます．コメントはコンパイラによって読み飛ばされるため，自由

[21] gcc などのコンパイラでは，"//" で書きはじめて行末までコメントとする記法も許されている．4 章で述べたように，これは本来アセンブラ等で用いられていた記法である．同じ記法が C++ 言語で利用可能であり，この記法によるコメントは gcc コンパイラ等で用いることができる．

```
/* if.c プログラム */

#include <stdio.h>

int main()
{
 int data ;                              /*入力値を格納*/

 scanf("%d",&data) ;                     /*整数値を読み込む*/
 if(data>0)                              /*もし読み込んだ値が正なら*/
  printf("Plus!¥n") ;                    /*Plus!と出力*/
 else                                    /*そうでなければ*/
  printf("Not plus!¥n") ;                /*Not Plus!と出力*/
}
```

(1) ソースコード

(2) 実行例　正の場合

(3) 実行例　負の場合

図 6.3　if.c プログラム

に記述することができます．

　プログラミング言語によるソースコードは，機械語プログラムと比較すれば人間にとって読みやすいのですが，普通の文章と比べればやはり理解しにくいものです．そこで，ソースコードには適切な量の的確な内容のコメントを付加することがよいことであるとされています[22]．if.c プログラムのコメントは量が多すぎるので適切とは言い難いのですが，コメントの付け方の説明となるようにわざと余分にコメントを付加してあります．

[22] 最悪のコメントは，プログラムの内容と異なる誤った内容のコメントである．

6.2 決められた回数の繰返し

ここでは，決められた回数だけ，同様の処理を繰返すための記述方法を紹介します．繰返し処理はプログラムによる処理の基本であり，多くのプログラム言語で繰返し処理のための仕組みが備えられています．ここでは，C言語やC++言語で用いることのできる，**for文**による決められた回数の繰返し処理の記述方法を説明します．

6.2.1 決められた回数の繰返し処理

for文を用いると，決められた回数の繰返し処理を簡単に記述することができます．たとえば，Hello!と10回繰り返して出力するプログラムを作成することを考えます．この場合，次に示すように，for文を用いて記述することができます．

```
for(i=1; i<=10; ++i) {
  printf("Hello!\n") ;
}
```

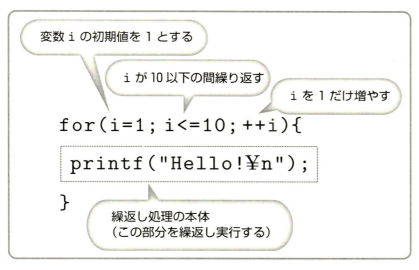

図 6.4　for文による繰返し処理の例

for文による上記の記述は，図6.4に示すような意味を持っています．図6.4にあるように，for文はforという書出しに続いて，カッコ ( ) の中に繰返し回数の制御のための条件などを記述します．forの後のカッコの中身は，セミコロン ; で区切られた三つの部分から構成されています．一つめの部分は，繰

返しを始める前に，繰返しを制御する変数を初期化するための部分です．図6.4 では，変数 i に初期値 1 を代入しています．二番目の部分では，繰返しを継続する条件を記述します．ここでは，変数 i が 10 以下の場合繰返しを行うことを記述しています．三番目の部分は，繰返し処理の本体を実施した後に毎回行う変数の更新作業を記述するための部分です．図 6.4 の例では，

```
++i
```

と記述することで，毎回 i を 1 ずつ増やすことを記述しています．

これらの記述に続いて，繰返し処理の本体となる文を記述します．図 6.4 では，printf 関数により，Hello! というメッセージを出力しています．

以上の記述に従って処理を進めると，表 6.2 に示すように処理が進みます．これらの結果として，printf 関数による出力が 10 回繰返されるので，Hello! というメッセージが 10 個ディスプレイ上に出力されます．

表 **6.2** 図 6.4 の繰返し処理の進行

処理ステップ	処理内容	変数 i の値
①	変数 i が 1 に初期化される	1
②	繰返し継続の条件判定（i<=10）の結果，繰返しを続行する	1
③	printf 関数により，Hello! と出力（1 回目）	1
④	++i により，i が 1 増加する	2
⑤	繰返し継続の条件判定（i<=10）の結果，繰返しを続行する	2
⑥	printf 関数により，Hello! と出力（2 回目）	2
⑦	++i により，i が 1 増加する	3
⑧	繰返し継続の条件判定（i<=10）の結果，繰返しを続行する	3
⑨	printf 関数により，Hello! と出力（3 回目）	3
⑩	++i により，i が 1 増加する	4
（以下，条件判定，出力，および i の増加を 10 回繰り返す）		
㉘	++i により，i が 1 増加する	11
㉙	繰返し継続の条件判定（i<=10）の結果，繰返しを終了する	11

6.2.2　繰返し処理の例

それでは，for 文による繰返し処理を利用したプログラムを作成してみましょう．

> **問題 6.2**
> 1 から 10 までの整数を出力するプログラムである print10.c を示せ．

図 6.5 に print10.c プログラムを示します．print10.c プログラムでは，for 文による繰返し処理を利用して，1 から 10 までの整数を 1 行に一つずつ出力します．

```
/* print10.c プログラム */
/* 1 から 10 までの整数を出力します*/
#include <stdio.h>

int main()
{
 int i;                    /*繰返し回数を数えるカウンタ*/

 for(i=1;i<=10;++i)        /*1 から 10 まで繰り返す*/
  printf("%d\n",i) ;

}
```

(1) ソースコード

```
1
2
3
4
5
6
7
8
9
10
```

(2) 実行例

図 6.5　print10.c プログラム

[6 章のまとめ]

- プログラミング言語を用いると，数式により条件判定を記述することができる．
- C 言語や C++ 言語などのプログラム言語では，if 文を用いて条件判定を行うことができる．
- 繰返し処理はアルゴリズムの基本であり，多くのプログラム言語で繰返し処理の仕組みが備えられている．
- C 言語や C++ 言語では，決められた回数の繰返し処理には **for** 文を用いる．

6章　演習問題

問題 1

入力された数値が負の場合に Minus!と出力し，それ以外の場合には Not minus!と出力するプログラム if2.c を示してください．

問題 2

print10.c プログラムを改造して，1 から 10000 までの整数を出力するプログラムである print10000.c プログラムを作成してください．このプログラムを実行すると，10000 行の数値が出力されます．

第7章 手続き的処理（3）
さまざまな繰返し処理

[この章のねらい]

　本章では，少し複雑な繰返し処理を扱います．前章では繰返し回数を指定した繰返し処理の例を示しましたが，ここでは，あらかじめ回数を決めるのではなく，ある条件が満たされるまで繰り返すような繰返し処理を紹介します．また，繰返しの中に繰返しを繰り込んだ，多重の繰返し処理の例も示します．

[この章で学ぶ項目]

　　7.1 繰返しの回数を指定しない繰返し処理
　　7.2 多重の繰返し

7.1 繰返しの回数を指定しない繰返し処理

ここでは，C言語やC++言語の **while** 文を用いて，繰返し回数を指定せずに繰返しを行う方法を紹介します．

7.1.1 条件判定と繰返し処理

前章では，for 文を用いることで，繰返し回数をあらかじめ設定して処理を行う方法を示しました．ここでは，繰返し回数を指定する代わりに，ある条件が満たされるまで繰返し処理を実施する方法を示します．こうした繰返し処理の例として，次の問題を取り上げましょう．

> **問題 7.1**
> 以下の関数 f(x) の値を，x が正の整数の場合について順に繰返し計算して出力するプログラム function.c を作成せよ．ただし，f(x) の値が 100 を超えたら繰返しを終了するようにせよ．
> f(x) = x*x+x+3

問題 7.1 の求める出力結果は，次に示す表 7.1 のように順次計算を進めることで得ることができます．表 7.1 では，x という名前の変数を用意した上で，x の値を使って関数 f(x) の値を順次求めています．この x の値を 1 ずつ増やしていって，f(x) の値が 100 を超えたら計算を終了しています．終了の条件は f(x) の値により決められている点に注意してください．

上記の処理では，変数 x を 1 に初期化したあとに，関数の値の計算と条件判定，関数値の出力，それから x を 1 増やす作業が繰返されています．表 7.1 のステップ番号で言うと，②③④がひとまとまりの処理であり，以降，これ

表 **7.1** function.c プログラムにおける処理の流れ

処理ステップ	処理内容	変数 x の値	f(x) の値
①	x=1 ;/*x を 1 に初期化*/	1	（未計算）
②	f(x) が 100 以下かどうか計算	1	5
③	f(x) の値を出力	1	5
④	++ x（x を 1 増やす）	2	（未計算）
⑤	f(x) が 100 以下かどうか計算	2	9
⑥	f(x) の値を出力	2	9
⑦	++ x（x を 1 増やす）	3	（未計算）
(以下，条件判定，出力，インクリメントを繰り返す)			
㉘	++ x（x を 1 増やす）	10	（未計算）
㉙	f(x) が 100 以下かどうか計算	10	113
㉚	100 を超えたので繰返しを終了する	10	113

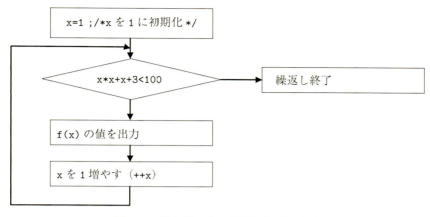

図 7.1　流れ図による繰返し処理の記述

```
x=1 ;           /*xを1に初期化*/
while(x*x+x+3<100){     /*100未満の間繰り返す*/
  printf("f(%d)=%d¥n",x,x*x+x+3);
  ++x ;
}
```

繰返しを実行する条件

繰返しの本体

図 7.2　function.c プログラムの処理の中心部

と同様の処理（⑤⑥⑦ など）が繰り返されます．

　これらの処理は，一つの繰返し処理にまとめることができます．図 7.1 に，この繰返し処理を，流れ図を使って記述した例を示します．

　図 7.1 のように，ある条件が満たされるまで繰返し処理を行うようなプログラムの作成について，ここでは while 文を利用します[23]．図 7.2 では，while 文により，上記の繰返し処理が記述されています．while 文では，while という書出しに続いて，繰返しを実行する条件がカッコ（　）内に記述されています．for 文や if 文の場合と同様，while 文における処理の本体は 1 行の文か，中カッコ {　} によってくくった複数の文です．図 7.2 の例では，printf 関数の呼出しと，変数 x のインクリメントの二つの処理を，カッコでまとめて記述しています．

　図 7.2 の処理をプログラムとして完成させると，function.c プログラムを得ることができます．function.c プログラムを図 7.3 に示します．function.c プログラムを実行すると，図 7.3（2）の実行結果のように「f(9) = 93」まで計算を続け，x が 10 となった際に f(x) の値が 100 を超えて繰返し処理を終了しています．

23) 同じ内容の処理を，for 文を用いて記述することも可能である．

```
/* function.c プログラム */
/* 関数 f(x)=x*x+x+3 について,        */
/* x が正の整数の場合について計算します */
/* f(x) が 100 を超えたら終了します */

#include <stdio.h>

int main()
{
 int x;

 x=1 ;                              /*x を 1 に初期化*/
 while(x*x+x+3<100){                /*100 未満の間繰り返す*/
  printf("f(%d)=%d¥n",x,x*x+x+3) ;
  ++ x ;
 }
}
```

(1) ソースコード

```
f(1)=5
f(2)=9
f(3)=15
f(4)=23
f(5)=33
f(6)=45
f(7)=59
f(8)=75
f(9)=93
```

(2) 実行結果

図 **7.3** while 文を用いた繰返し処理プログラム function.c

7.1.2 条件に基づく繰返し

条件判定に基づく繰返し処理の別の例として，次のような問題を考えましょう

問題 7.2
1 から順番に整数の和を求めて表示する series1.c プログラムを作成せよ．ただし，和が 100 を超えたら処理を終了するようにせよ．

問題 7.2 をプログラムとして実現するためには，1 から順番に整数の和を求める方法を考えなければなりません．繰返し処理を用いて先頭から順に値の和を求める計算は，次のように考えます．

まず，和を保存するための変数を用意します．ここでは，**sum** という名前の **int** 型変数を定義しましょう．

```
int sum ;
```

sum に初期値を与えます．たとえば 1 から順に和を求めるのであれば，sum に 1 を代入します．

```
sum=1 ;              /*1までの和*/
```

次に，2 までの和を求めます．そのためには，1 までの和に，さらに 2 を加えます．

```
sum+2 ;              /*2までの和*/
```

上記の値は，どこかに保存しておかなければなりません．どこに保存してもよいのですが，実は sum 変数そのものに保存することも可能です．つまり，次のような代入文を記述することが可能です．

```
sum=sum+2 ;          /*2までの和を変数sumに保存*/
```

上記の代入文の意味は，「右辺の sum+2 の値を計算してから，その結果を sum に改めて格納しなおす」という意味です．つまり，右辺の計算をまず実施してから，その結果を左辺に代入します．数学の等式だと考えると "sum=sum+2" という式は矛盾していますが，プログラムにおける代入文としては，何ら矛盾を生じるものではありません[24]．

さらに 3 までの和を求めるのであれば，続けて次の計算を行います．

```
sum=sum+3 ;          /*3までの和を変数sumに保存*/
```

以上を並べて書くと，次のようになります．

```
sum=1 ;              /*1までの和*/
sum=sum+2 ;          /*2までの和を変数sumに保存*/
sum=sum+3 ;          /*3までの和を変数sumに保存*/
...
```

　上記の処理は，変数 sum に加える値を 1 から順に変更しながら代入を繰り返していることになります．そこで上記は，下記のように変数 sum と変数 n の和として記述し，n を繰返しによって変化させることで同様の処理として記述することができます．

```
sum=sum+n ;
```

[24] この代入が奇妙に見えるのは，代入という処理が，"右辺をまず計算してから左辺を変更する" という，時間的順序を伴った動的な記述であることに由来する．つまり 1 行の中に 2 ステップの処理を詰め込んでいる点に無理がある．もし，
temp=sum+2;
sum=temp;
と 2 文に分けて書けば，奇妙さはいくぶん緩和するであろう．

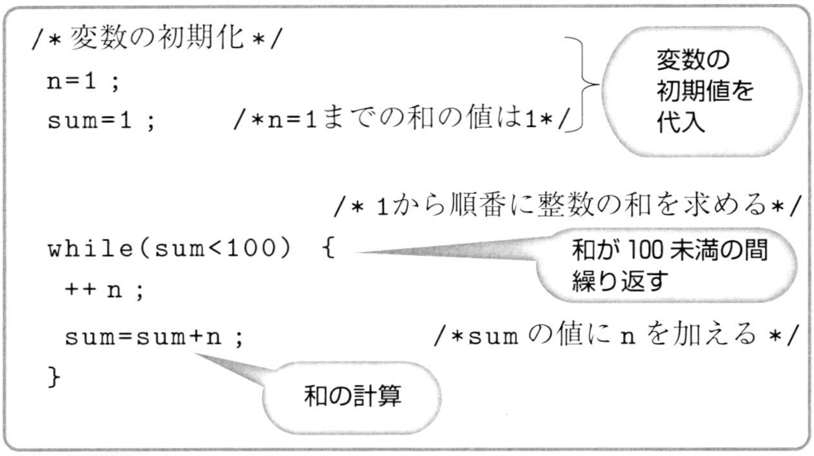

```
/* 変数の初期化 */
 n=1 ;
 sum=1 ;          /*n=1 までの和の値は1*/

                       /* 1から順番に整数の和を求める*/
 while(sum<100)  {
  ++ n ;
  sum=sum+n ;           /*sum の値に n を加える */
 }
```

変数の初期値を代入

和が100未満の間繰り返す

和の計算

図 7.4　while 文による和の計算

（ただし n は，繰返し処理を用いて 1 から順に変更してゆく）
このような処理は，while 文を使って次のように記述することができます（図7.4）.

このように記述することで，変数 sum の値が 100 未満の間繰り返して和を求めることができます.

```
/* series1.c プログラム */
/* 1 から順番に整数の和を求めます*/
/* 和が100 を超えたら終了します　 */

#include <stdio.h>

int main()
{
 int n;                    /*整数*/
 int sum;                  /*和の値*/

 /*変数の初期化*/
 n=1 ;
 sum=1 ;                   /*n=1 までの和の値は 1*/

 /* 1 から順番に整数の和を求める*/
 while(sum<100){           /*100 未満の間繰り返す*/
  printf("%d までの和:%d¥n",n,sum) ;
  ++ n ;
  sum=sum+n ;              /*sum の値に n を加える*/
 }
}
```

(1) ソースコード

```
1 までの和:1
2 までの和:3
3 までの和:6
4 までの和:10
5 までの和:15
6 までの和:21
7 までの和:28
8 までの和:36
9 までの和:45
10 までの和:55
11 までの和:66
12 までの和:78
13 までの和:91
```

(2) 実行結果

図 7.5　series1.c プログラム

図 7.4 をプログラムとして完成させると，series1.c プログラムができあがります．図 7.5 にソースコードと実行結果を示します．

7.2　多重の繰返し

繰返し処理の中に繰返し処理を含むような処理は，さまざまなプログラムでよく見受けられます．ここでは，こうした多重の繰返し処理の例を示します．

7.2.1　繰返しの多重化

繰返し処理において，処理の本体部分にさらに繰返し処理を記述したらどうなるでしょうか．たとえば，図 7.6 のような処理を実行したとしましょう．

```
/* for.c プログラム */
/* 多重の繰返し処理の例題です*/
#include <stdio.h>

int main()
{
 int i,j;                  /*繰返し回数を数えるカウンタ*/

 for(i=1;i<=5;++i)
  for(j=1;j<=3;++j)
   printf("%d¥n",i) ;

}
```

図 7.6　for.c プログラム　多重の繰返し処理の例題

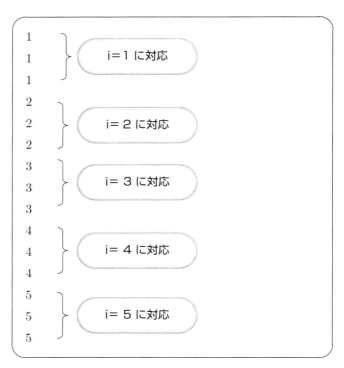

図 7.7　for.c プログラムの出力結果

　　for.c プログラムは，変数 i についての繰返し処理の内側に，変数 j についての繰返し処理が繰り込まれています[25]．すると，i が 1 から 5 まで変化する際，それぞれの i の値について，変数 j が 1 から 3 まで変化します．すると，すべての i に対して，j による繰返し処理が 3 回ずつ実行されます．結果として，printf 関数による変数 i の出力結果は，次のようになります（図 7.7）．

[25] つまり，二重の繰返し処理となっている．

7.2.2　多重の繰返し処理によるプログラム

　　次に，多重の繰返し処理を使って文字で図形を描くプログラムを作成してみましょう．

問題 7.3
　下記のように，星印で三角形を描くプログラム printtri.c を作成せよ．

```
*
**
***
****
*****
******
*******
********
*********
**********
```

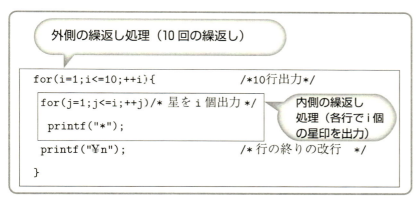

図 **7.8**　二重の for 文による星印の出力

　このプログラムでは，二重の繰返し処理を利用します．まず，10行にわたって星印を出力するために，for 文を使って10回の繰返し処理を記述します．次にi番目の行では，繰返し処理を利用してi個の星印を印字します．以上の処理は，次のように記述することができます．図にあるように，内側の for 文では，外側の繰返し処理を制御する変数iを使って，各行でi個の星印を出力しています．

　図7.8の処理をプログラムとして完成させると，図7.9のようになります．

```
/* printtri.c プログラム */
/* 星印で三角形を出力します*/

#include <stdio.h>

int main()
{
 int i,j;                        /*繰返しを制御する変数*/

 for(i=1;i<=10;++i){              /*10 行出力*/
  for(j=1;j<=i;++j)               /*星を i 個出力*/
   printf("*") ;
  printf("\n") ;                  /*行の終りの改行*/
 }
}
```

図 7.9　printtri.c プログラムのソースコード

[7 章のまとめ]

- 繰返し回数を直接指定せずに繰返し処理を記述するには，繰返しの終了条件を指定すればよい．
- C 言語や C++ 言語では，for 文の他に，while 文を使って繰返し処理を記述できる．
- 一般にプログラミング言語によるプログラムでは，多重の繰返し処理を容易に記述することができる．

7章　演習問題

問題 1
　function.c プログラムを改造して，f(x) の値が 100000 を超えない間処理を続けるようにしてください．この場合，最後に出力される行はどうなりますか．

問題 2
　series1.c プログラムを改造して，整数の二乗和を求めるプログラムを作成するには，どこを変更すればよいでしょうか．

問題 3
　図 7.10 のような図形を出力するプログラムを作成してください．

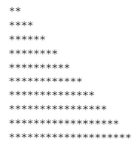

図 7.10　星印による図形の描画

コラム 2：繰返し処理と並列化

　本章ではさまざまな繰返し処理を扱いました．ノイマン型コンピュータでは，繰返し処理を利用することで，複数のデータに対する処理を簡潔に記述することができます．たとえば数百万点の画素情報から構成された画像データの処理も，繰返し処理を用いれば簡単に記述できます．ただし，繰返し回数が増えれば，処理にかかる時間は長くなり，処理速度は低下します．

　画像に対する処理等では，繰返し処理の代わりに並列処理を適用することで処理速度を向上させることができる場合があります．画像の例でいえば，画像を構成する各点の処理を一つずつ順番に行う代わりに，まとめて複数の点を一度に処理するのが並列処理の考え方です．並列処理を行えば処理速度は向上しますが，当然，処理装置が複数必要になります．現在の IC 技術を用いると，一つの IC に複数の処理装置を詰め込むことは比較的容易です．そこで現代の CPU では，複数の処理装置を利用して並列化を図ることが広く行われています．

第8章　例題演習その1（数値計算）

[この章のねらい]

　本章では，ここまでに学んだプログラミングの知識を利用して，さまざまな工学分野で応用が可能なプログラムを作成してみましょう．工学分野での応用を念頭に置き，特に数値計算を中心に扱います．

[この章で学ぶ項目]

　　8.1 数表の出力
　　8.2 数列の和による計算

8.1 数表の出力

はじめに計算処理プログラムの基礎として，与えられた計算式の値を順に求めるプログラムを考えましょう．

8.1.1 数表の計算

与えられた数式に従って値を計算するプログラムは，計算処理の基本です．問題 8.1 に，このような計算プログラムの例題を示します．

問題 8.1

1 から 100 までの整数について，その 2 乗と 3 乗の値を求めるとともに，それぞれの総和（$\sum n, \sum n^2, \sum n^3$）を求めるプログラム **table.c** を示せ．

問題 8.1 の **table.c** プログラムは，2 乗や 3 乗の値についての数表を作成するとともに，表の各列の和を求めて出力します．期待される出力結果の例を図 8.1 に示します．

```
      n      n*n     n*n*n
      1       1        1
      2       4        8
      3       9       27
             ...
     98    9604    941192
     99    9801    970299
    100   10000   1000000

sum
    5050  338350  25502500
```

図 8.1　問題 8.1 で要求される出力結果[26]

[26] 図では，n=4 から n=97 の間の出力は省略してある．

table.c プログラムは，繰返し処理を用いて記述することができます．問題にある 1 から 100 までの繰返しを，for 文を用いて表現すると図 8.2 のようになります．ただし n は，繰返しを制御するための int 型の変数です．

繰返しの本体部分には，2 乗と 3 乗の出力と，それぞれの総和の計算処理が必要です．これらは，図 8.3 のように記述することができます．ここで，sum, sum2 および sum3 は，それぞれの和を求めるための変数です．

以上，図 8.2 と図 8.3 の処理を組み合わせることで，**table.c** プログラムを作成することができます．

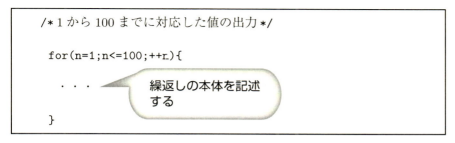

図 8.2　1 から 100 までの繰返しを，for 文を用いて表現する

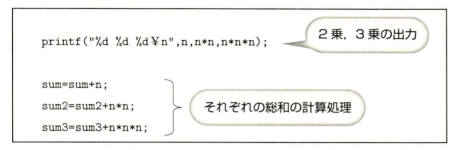

図 8.3　2 乗と 3 乗の出力と，それぞれの総和の計算処理（繰返しの本体部分の処理）

8.1.2　数表計算プログラム

　図 8.4 に，table.c プログラムを示します．table.c プログラムは，先に示した図 8.2 と図 8.3 のコードを組合わせて，必要な変数の定義などをつけ加えたプログラムです．

　table.c プログラムを実行すると，図 8.5 のように計算結果が出力されます．このままでは，数表と呼ぶのにはいささか形式が乱れています．実は，数値の出力を右揃えで整えることが可能です[27]．その方法については，章末問題の問題 1 を参照してください．

[27] 右揃えとは，数値の右端，すなわち小数点の位置を縦方向に揃えることをいう．

```
/* table.c プログラム */
/* 数表を出力します*/
#include <stdio.h>

int main()
{
 int n;                             /*繰返し回数を数えるカウンタ*/
 int sum,sum2,sum3 ;                /*和を求めるための変数*/

 /*初期値の設定*/
 sum=0 ;
 sum2=0 ;
 sum3=0 ;

 /*表のラベルの出力*/
 printf("n    n*n    n*n*n¥n") ;

 /*1 から 100 までに対応した値の出力*/
 for(n=1;n<=100;++n){
  printf("%d %d %d¥n",n,n*n,n*n*n) ;
  /*和の計算*/
  sum=sum+n ;
  sum2=sum2+n*n ;
  sum3=sum3+n*n*n ;
 }

 /*和の値の出力*/
 printf("¥n") ;
 printf("sum¥n") ;
 printf("%d %d %d¥n",sum,sum2,sum3) ;
}
```

図 8.4 table.c プログラム

```
n    n*n    n*n*n
1 1 1
2 4 8
3 9 27
     ...
98 9604 941192
99 9801 970299
100 10000 1000000

sum
5050 338350 25502500
```

図 8.5 table.c プログラムの出力結果（一部）

8.2 数列の和による計算

ここでは，繰返し処理を用いて自然対数の底 e を計算するプログラムを取り上げます．このプログラムの手法は，さまざまな関数値を計算するプログラムに応用することができます．

8.2.1 自然対数の底

第 7 章では，繰返し処理と代入処理を使って数列の和を求めるプログラムを示しました．ここでは，同様の処理によって，自然対数の底 e の値を求めるプログラムを作成します．

> **問題 8.2**
> マクローリン展開を用いて自然対数の底 e の値を求めるプログラム e.c を示せ．
> $$e = 1 + \frac{1}{1!} + \frac{1}{2!} + \frac{1}{3!} + \cdots$$

問題 8.2 の e.c プログラムは，繰返し処理を用いて各項の値を計算し，それを逐次加えていく形式のプログラムとなります．図 8.6 に，基本的な考え方を示します．

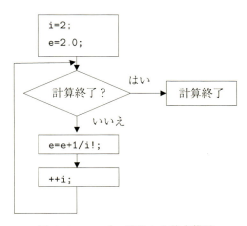

図 8.6　e.c プログラムの基本構造

図 8.6 では，階乗の計算がそのまま数式に書かれています．しかし C 言語では，階乗の計算に！という記号を使うことはできません．そこで，階乗の値を計算によって求める必要があります．そのために，**factorial** という変数を別に用意して，繰返し処理により i が増加するたびに，factorial に i をかけてやることにします．こうすると，i が変化するにつれて，対応する factorial

の値が求まります（図 8.7）．

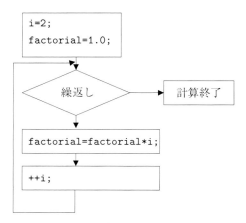

図 8.7　繰返し処理による階乗の計算

　次に，図 8.6 における繰返し終了の条件について考えます．終了条件として，たとえば決められた回数の繰返しを実施したあとに終了する方法が考えられます．この方法では，十分な精度を持った答えを得るためには，あらかじめ繰返し回数と計算結果の精度に関する関係を調べておく必要があります．
　別の方法として，繰返し処理による e の値の変化の大きさに着目する方法があります．この方法では，繰返し処理によって計算する項の値を調べて，e に加えられる項の値が一定値を下回ったら繰返しを終了します．たとえば，項の大きさが 0.00001 を下回ったら繰返し処理を終了するのであれば，while 文を用いて次のように記述することができます．

```
while(1.0/factorial>0.00001){
                /*項の大きさが規定値より大きい間繰返す*/
}
```

　以上のような処理を組み合わせることで，e.c プログラムを構成することができます．

8.2.2　自然対数の底を計算するプログラム

　図 8.8 に，e.c プログラムのソースコードと実行例を示します．
　実行例から，10 項程度の和によって必要とされる精度の数値が求まっていることがわかります[28]．

---

[28] 自然対数の底 e の値は，e=2.7182818284590452…．

```
/* e.c プログラム */
/* マクローリン展開により e の値を求めます*/
/* 計算による値の変化が一定以下になったら終了します   */

#include <stdio.h>

int main()
{
 int i;                        /*整数*/
 double e;                     /*e(自然対数の底) */
 double factorial;             /*階乗の値*/

 /*変数の初期化*/
 i=2 ;
 e=2.0 ;                       /*i=1 までの和の値は 0*/
 factorial=1.0 ;               /*1!*/

 /* i=2 から順番に数列の和を求める*/
 while(1.0/factorial>0.00001){
                               /*項の大きさが規定値より大きい間繰り返す*/
  factorial=factorial*i ;
  e=e+1.0/factorial ;
  printf("i=%d までの和:%lf¥n",i,e) ;
  ++ i ;
 }
}
```

(1) e.c のソースコード

```
i=2 までの和:2.500000
i=3 までの和:2.666667
i=4 までの和:2.708333
i=5 までの和:2.716667
i=6 までの和:2.718056
i=7 までの和:2.718254
i=8 までの和:2.718279
i=9 までの和:2.718282
```

(2)　e.c の実行結果

図 8.8　e.c プログラム

[8 章のまとめ]

- 繰返し処理や計算，代入処理などを組み合わせると，さまざまな数値計算プログラムを構成することができる．
- 計算精度を考慮して繰返し計算を行う場合には，繰返し計算による計算値の変化量に着目して繰返し処理を制御することができる．

8章　演習問題

問題 1

table.c プログラムの 21 行目を次のように変更すると，出力結果はどのように変わるでしょうか．

```
        printf("%d %d %d\n",n,n*n,n*n*n) ;
--->    printf("%7d\t%7d\t%7d\n",n,n*n,n*n*n) ;
```

問題 2

arctan( ) をテイラー展開すると，次のようになります．

$$\arctan(x) = x - \frac{x^3}{3} + \frac{x^5}{5} - \frac{x^7}{7} + \cdots$$

x=1 とすると，上式は arctan(1) の計算式となり，結果として $\pi/4$ の値を計算する式となります．この式は，「ライプニッツの公式」と呼ばれています．

$$\arctan(1) = \frac{\pi}{4} = 1 - \frac{1}{3} + \frac{1}{5} - \frac{1}{7} + \cdots$$

この級数は極めて収束が悪いので，π の値の近似値を求めるには非常に多くの項を加えて合わせる必要があります．それを承知のうえで，上式によって π を求めるプログラムを作成してください．

第9章　モジュール化

[この章のねらい]

　本章では，プログラミング言語におけるモジュール化の概念を扱います．ここでモジュールとは，プログラムを構成する，ひとまとまりの一部分を意味します．ここでは特に，C言語やC++言語における関数を例として，モジュール化の概念を紹介します．

[この章で学ぶ項目]

　9.1 モジュール化の概念
　9.2 モジュールの利用

9.1 モジュール化の概念

ここでは，モジュール化の概念を使って，大規模なプログラムを分割して開発する方法について説明します．

9.1.1 モジュールによるプログラムの分割

本書でここまで説明したプログラム例題は，いずれもソースコードの行数でいって数十行程度の，ごく規模の小さいものばかりでした．もう少し規模を大きくして，それ以上の行数となるようなプログラムを作成する場合を考えます．

規模の大きなプログラムの作成においても，原理的には，これまで同様に必要な処理を一つのプログラムとしてまとめて記述することが可能です．実際，この方法でも，100行程度のプログラムであれば作成することができるでしょう．しかし，さらに規模の大きなプログラムを作成しようとするとどうでしょうか．

この場合には，プログラム内部の処理が互いにどのような関係になっているのかが把握しづらくなり，プログラム全体の構造をつかむことが困難になってきます．また，規模が拡大するにつれて一般に変数の数も増えてゆきます．すると，数多くの変数がそれぞれどのような役割を果たすのか，また，ある部分に関係する変数がどれなのかを管理することが困難になります．このように，処理と変数の両方とも，規模の拡大によってその扱いが困難になってゆきます．

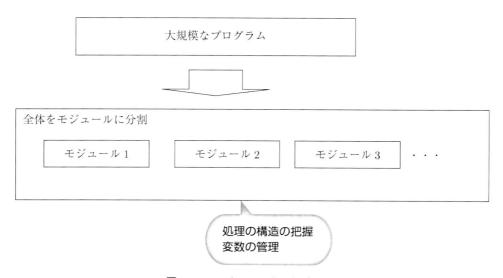

図 9.1 モジュール化の概念

そこで，プログラム全体をひとまとめに扱うのではなく，あるまとまりごとに各部分を独立させて，それを全体として統括するような仕組みが必要になります．これが**モジュール化の概念**です（図 9.1）．

プログラミング言語には，モジュール化を支援するさまざまな仕組みが備えられています．たとえば C 言語や C++言語では，関数を使ってモジュール化を行うことができます．関数によるモジュール化については，9.2 節で改めて説明します．

9.1.2 大規模プログラムの開発方法

モジュール化の手法を利用してプログラムを分割すれば，大規模なプログラムの開発が可能になります．しかし，プログラムを分割しても，プログラム全体の分量が小さくなるわけではありません．むしろ，モジュール化の適用により，プログラム全体の分量は増加するのが普通です．このため，大規模なプログラムの開発には多くの労力が必要となります．したがって一般に，大規模なプログラムの開発は一人で行うことはできず，複数人数でチームを作って開発を進める必要があります[29]．

チームでプログラムを開発する際には，開発チーム内で開発対象に関する情報を共有し，統一性のあるプログラム開発を進めなければなりません．このためには，プログラムの情報をドキュメントとして正確にまとめるとととに，チーム全体で統一された開発過程を進める必要があります．

プログラム開発の過程は，プログラムのライフサイクルと呼ばれます．プログラムのライフサイクルは，表 9.1 に示すような段階を経ます．各段階で情報をドキュメントとしてまとめ，チーム全体で共有します．

[29] プログラムの規模や開発内容，開発手法などによってさまざまだが，数人から数十人，あるいはそれ以上で 1 つのプログラムを開発する場合もある．

表 9.1　プログラムのライフサイクル

段階	説明
計画	どのような処理がプログラムで実行されるべきかを見きわめ，開発を開始する．
要求分析・定義	プログラム化される対象の処理内容を分析し，ドキュメントにまとめる．また，プログラム化すべき内容を決定する．
設計	要求定義に基づいてプログラムの構造や処理内容，およびデータ構造やデータの流れなどを決定し，ドキュメントにまとめる．
製造（プログラミング）	設計ドキュメントに従ってプログラムを作成し，デバッグする．
テスト	設計あるいは要求分析・定義の内容と，製造されたプログラムが正しく対応しているかどうかを試験する．
移行	プログラムを実際に利用するための準備を行う．
運用	プログラムを利用する．
保守	プログラムの不具合や，新たな要求に対処する．

表9.1にあるように、プログラムのライフサイクルは計画段階から始まり、何を作るかを決める要求分析・定義段階へ進みます。その後、プログラムの作り方を決定する設計段階に進み、その次に製造、すなわちプログラミングとデバッグの段階に進みます。その後、要求されたプログラムができあがったかどうかを調べるテスト段階と、プログラムを利用するための準備である移行段階を経て、プログラムを利用する運用段階に進みます。運用開始後も、プログラムの不具合を修正したり、新たな機能を追加したりする保守作業が継続的に行われます。

本書では、表9.1のライフサイクルのうち、主として製造にかかわる部分のみを取り上げています。しかし大規模なプログラム製品を作成する際には、製造以前の段階で問題分析や定義を行う作業が必要になるとともに、製造後にはテストや移行作業、あるいは運用・保守の作業が必要となります。

9.2 モジュールの利用

ここでは、C言語の関数の概念を利用して、モジュール化の具体的な方法について説明します。

9.2.1 関数によるモジュール作成

C言語やC++言語では、関数の枠組みを用いてモジュール化を実現することができます。すでに説明したように、printf関数やscanf関数などの関数はシステムにあらかじめ用意されており、プログラム作成にあたって適宜呼び出して利用することができます。また、これまで本書で示してきたプログラムは、すべて**main**という名前の特別な関数として構成されています。

こうした関数と同じような関数を、プログラム作製の際に自分で作ることができます。関数を自作してプログラムをモジュールに分割することでモジュール化を実現します。

自分で関数を作製するプログラミング例題として、次の問題9.1を考えましょう。

問題 9.1

以下の関数 $f_1(x)$ と $f_2(x)$ について、x=1,2,$\cdots$,100 の場合の値を計算するプログラム table2.c を作成せよ。

$f_1(x) = x^3 + x^2 + x$
$f_2(x) = \frac{1}{x^3} + \frac{1}{x^2} + \frac{1}{x}$

---

table2.c プログラムは、第8章で扱った table.c プログラムと同様にして記

```
/*関数 f1(i)*/
/*3乗, 2乗, 1乗の和*/
int f1(int i)
{
 int i3,i2 ;

 i2=i*i ;                    /* i の 2 乗*/
 i3=i2*i ;                   /*i の 3 乗*/

 return i3+i2+i ;

}
```

図 9.1　関数 f1 の記述例

述することができます．すなわち，変数 i を用意して，for 文による繰返しを次のように記述します．

```
for(i=0;i<=100;++i)
   関数 f1(i) と関数 f2(i) の，計算および出力
```

　ここで，f1(i) と f2(i) の値を求める際に，C 言語における関数の仕組みを使ってモジュール化をはかることにしましょう．実はこのぐらいの計算であれば関数によるモジュール化を実施しなくても記述可能です．しかし関数を使うことで，プログラムの書きやすさや読みやすさが格段に改善します．
　それぞれの関数名を f1 および f2 としましょう．例として，まず関数 f1 を記述します．図 9.1 に，関数 f1 の記述例を示します．
　図 9.2 にあるように，関数の記述は下記のような形式をとります．まず，関数 **f1** は **int** 型の数値を受け取って int 型の値を結果として呼出し側に返すので，図に示すような記述内容となります．関数の本体には，関数内部だけで用いる変数の定義や，変数を使った計算処理などが記述されます．最後に **return** という書出しに続いて数式を記述すると，その計算結果の値が呼出し側に戻されます[30]．
　f1 関数では，関数の本体で i の 2 乗と 3 乗を計算し，return のあとに和の計算式を配置することで，問題に求められた計算を実施しています．table2.c プログラムを作成するには，これと同様に f2 関数を記述して，main 関数とともに一つのファイルに格納します．
　ソースコードをファイルにまとめる際，プログラムの先頭部分に，関数のプロトタイプの宣言と呼ばれる宣言文を付加します．これは，次のような記述であり，関数名や関数の返す値の型，および関数呼出しの際に与える情報の型を宣言しています．下記の宣言は，関数 f1 が返す値の型が int 型であり，

[30] main 関数も関数なので，その最後に return 文を置くことができる．この場合，値を返す先の "呼出し値" はプログラムに含まれる他の関数ではなく，そのプログラムを呼び出したコンピュータシステムの基本ソフトウェアに含まれる関数である．

図 9.2　関数の記述形式

呼出しの際に与える情報も int 型の変数一つであることを示しています．

```
/*関数のプロトタイプの宣言*/
/*関数 f1(i)*/
int f1(int i) ;              /*3乗，2乗，1乗の和*/
```

さて，table2.c プログラムでは，main 関数の中から f1 関数と f2 関数が呼び出されるので，f1 関数と f2 関数は main 関数の下請け処理を担当することになります．この様子を図で示すと，図 9.3 のようになります．

図 9.3　table2.c プログラムにおけるモジュールの構造

以上の準備を基に作成した table2.c プログラムを，図 9.4 に示します．関数を利用したことにより，プログラムの見通しがよくなります．また，あとでプログラムを読みなおして関数の計算式を変更したりする際にも，変更操作が容易になります．これを，「プログラムの保守性の向上」といいます．

table2.c プログラムを機械語に変換するには，これまでと同様にソースコード全体をコンパイルします．table2.c プログラムの実行結果を図 9.5 に示します．

```
/* table2.c プログラム */
/* 関数を使って数表を出力します*/
#include <stdio.h>

/*関数のプロトタイプの宣言*/
/*関数 f1(i)*/
int f1(int i) ;                     /*3乗，2乗，1乗の和*/
/*関数 f2(i)*/
double f2(int i) ;                  /*逆数，逆数の2乗，逆数の3乗の和*/

/*main 関数*/
int main()
{
 int i;                             /*繰返し回数を数えるカウンタ*/

 /*表のラベルの出力*/
 printf("i\tf1(i)\tf2(i)\n") ;

 /*1 から 100 までに対応した値の出力*/
 for(i=1;i<=100;++i)
  printf("%d\t%d\t%lf\n",i,f1(i),f2(i)) ;

}

/*関数 f1(i)*/
/*3乗，2乗，1乗の和*/
int f1(int i)
{
 int i3,i2 ;

 i2=i*i ;                           /* i の2乗*/
 i3=i2*i ;                          /*i の3乗*/

 return i3+i2+i ;

}

/*関数 f2(i)*/
/*逆数，逆数の2乗，逆数の3乗の和*/
double f2(int i)
{
 double ii,ii2,ii3 ;

 ii=1.0/i ;                         /*逆数*/
 ii2=ii*ii ;                        /*逆数の2乗*/
 ii3=ii2*ii ;                       /*逆数の3乗*/

 return ii3+ii2+ii ;

}
```

図 9.4　自分で関数を作製して利用するプログラム例 table2.c

```
i    f1(i)    f2(i)
1    3        3.000000
2    14       0.875000
3    39       0.481481
4    84       0.328125
5    155      0.248000
6    258      0.199074
 ...
```

図 9.5　table2.c プログラムの実行結果（一部）

9.2.2　関数を利用したプログラミング

次に，別の例題を使って関数の利用方法を検討しましょう．問題 9.2 は，数値積分の例題です．

問題 9.2

下記の公式（台形公式）を用いて，関数 $f(x)$ を区間 0～1 で数値積分するプログラム integral.c を示せ．

$$\int f(x)dx = \left(\frac{f(x_0)}{2} + f(x_1) + f(x_2) + \cdots + f(x_{n-1}) + \frac{f(x_n)}{2} \right) \times h$$

ただし，h は刻み幅であり，区間幅が 1 であれば，

$\quad$ h$=\frac{1}{n}$

である．
なお，関数 $f(x)$ として，

$f(x) = x^2$
$f(x) = \frac{1}{x+1}$

などを試してみよ．

---

integral.c プログラムを作成する際，被積分関数に応じてプログラムを修正する必要があります．そこで，被積分関数の計算部分を C 言語の関数として表現することで，プログラム全体の構造を明確化します．あとは，問題中に示された台形公式を用いて，繰返し処理を用いて積分値を計算します．この考え方に従うと，プログラムの骨格はおおむね次のようになります（図 9.6）．

```
main 関数
  積分値を格納する変数 integral の定義
  integral=fx(0.0)/2.0 ;               /*f(x0)*/
  for 文による繰返し
    integral=integral+f(xi) ;
  integral=integral+fx(1.0)/2.0 ;      /*f(xn)*/
  integral=integral/N ;                /*h 倍*/
```

```
fx 関数
  被積分関数（$x^2$ 等）の計算
```

図 9.6　integral.c プログラムの構造

図 9.6 に従って，実際にプログラムを作成した例を図 9.7 に示します．

なお，図 9.7 で，関数のプロトタイプの宣言の前に，次のような記述があります．

```
/*記号定数の定義*/
#define N 10000              /*区間の分割数*/
```

これは，N という記号が，以下では 10000 という数を表すことを定義した表現です．この例のように，ある記号が別の数値等を表現する仕組みを**記号定数**と呼びます．ここでは，区間の分割数を N と定義することで，プログラム先頭の N の定義を書き換えるだけでプログラム内の分割数に関連する部分を一括して変更できるようにしています．C 言語や C++ 言語では，記号定数の仕組みが頻繁に用いられます．

```
/* integral.c プログラム */
/* 数値積分のプログラム */
/* 台形公式を用いて      */
/* 関数 f(x) を区間 0-1 で */
/* 数値積分します        */

#include <stdio.h>

/*記号定数の定義*/
#define N 10000                    /*区間の分割数*/
                                   /*関数のプロトタイプの宣言*/
double fx(double x) ;              /*被積分関数*/

/*main 関数*/
int main()
{
 double integral ;                 /*積分値*/
 int i ;                           /*繰返し制御の変数*/

 /*変数の初期化*/
 integral=fx(0.0)/2.0 ;            /*f(x0)*/

 /*積分値の計算*/
 for(i=1;i<N;i=i+1)                /*中間部の和*/
  integral=integral+fx((double)i/N) ;
 integral=integral+fx(1.0)/2.0 ;        /*f(xn)*/
 integral=integral/N ;                  /*h 倍*/

 /*結果の出力*/
 printf("%lf¥n",integral) ;

 return 0 ;
}
/*関数 fx() の計算*/
double fx(double x)
{
 return x*x ;
}
```

(1) integral.c プログラムのソースコード

```
0.333333
```

(2) integral.c プログラムの実行結果

図 9.7　integral.c プログラム

[9 章のまとめ]

- プログラム言語を用いたソフトウェア作成においては，モジュールの積み重ねで大きなプログラムを作成する．
- C 言語や C++ 言語では，関数を使ってモジュールを表現することができる．

9章 演習問題

問題 1

integral.c プログラムにおいて，fx 関数の処理を直接 main 関数の内部に書込むことで，関数定義の記述を削除してみてください．

問題 2

integral.c プログラムを改造して，$\frac{1}{(x+1)}$ を区間 0〜1 で数値積分するように変更してください．

第10章　配列

[この章のねらい]

　本章では，構造を持ったデータの例として，配列を扱います．はじめに，配列の基本的な使い方についてプログラム例を示して説明します．次に，繰返し処理を使って配列を扱う方法を説明します．

[この章で学ぶ項目]

　　10.1 配列とは
　　10.2 配列と繰返し処理

10.1 配列とは

本節では，構造を持ったデータである配列について，その基本的な記述方法と取扱い方を示します．

10.1.1 配列とは

配列 (array) は，コンピュータのメモリを抽象化したデータ構造です．つまり配列は，変数の集まりであって，個々の変数がアドレスを表す数値で区別されているようなデータ構造です．

図 10.1 に配列の例を示します．図では，ary という名前の配列が示されています．ary 配列は実際には三つの変数の集まりであり，それぞれ ary[0], ary[1] および ary[2] という名称の要素です．配列の各要素を区別するための数値を**添字** (index)[31] と呼びます．

[31] そえじ，と読む．

配列の各要素は，これまで扱ってきた普通の変数と同様に用いることができます．たとえば図 10.2 の例にあるように，配列変数の定義や，値の読出し，代入などを行うことができます．

図 10.2 (1) は，配列変数定義の例です．図にあるように配列変数の定義では，配列の名前に続いて構成要素数を指定します．ここでは要素が三つの小さな配列である vector を定義しています．C 言語や C++ 言語の配列は，添字が 0 から始まると決められています．したがって配列 vector は，vector[0], vector[1] および vector[2] の，三つの要素からなる配列です．なお，要素数の上限は使えるメモリの量で決まります．

図 10.2 (2) は代入の記述例です．この例では，先頭要素の vector[0] に，数値の 1 を代入しています．同様に (3) では，2 番目の要素である vector[1] や，3 番目の要素である vector[2] に値を代入しています．これらの代入においては，右辺で配列の要素の値を利用しています．(4) は，配列の要素に格納された値を参照する例です．

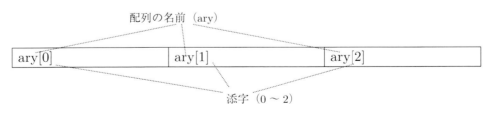

図 10.1 配列の例（三つの要素からなる配列 ary）

```
    int vector[3];                  /*3 要素の配列*/

    (1) 配列の定義例


    vector[0]=1 ;

    (2) 代入の例


     vector[1]=vector[1]+5 ;
     vector[2]=vector[2]*vector[2] ;

    (3) 計算と代入の例


    printf("%d¥t%d¥t%d¥n",vector[0],vector[1],vector[2]) ;

    (4) 値の参照（printf 関数による値の出力）
```

図 10.2 配列の利用例

10.1.2 配列の利用

　配列を使ったプログラム例を示します．図 10.3 の vector.c プログラムを見てください．このプログラムは，三つの要素からなる配列 vector を利用する例を示しています．vector.c プログラムでは，配列の要素への代入や printf 関数を用いた値の出力，また，配列の各要素を用いた計算の例を示しています．

```
/* vector.c プログラム */
/* 配列の利用例 */
#include <stdio.h>

/*main 関数*/
int main()
{
 int vector[3];                  /*3 要素の配列*/

 /*代入*/
 vector[0]=1 ;
 vector[1]=30 ;
 vector[2]=1000 ;
```

```
    /*値の出力*/
    printf("%d¥t%d¥t%d¥n",vector[0],vector[1],vector[2]) ;

    /*計算*/
    vector[0]=vector[0]+5 ;
    vector[1]=vector[1]+5 ;
    vector[2]=vector[2]+5 ;

    /*値の出力*/
    printf("%d¥t%d¥t%d¥n",vector[0],vector[1],vector[2]) ;

    /*計算*/
    vector[0]=vector[0]*vector[0] ;
    vector[1]=vector[1]*vector[1] ;
    vector[2]=vector[2]*vector[2] ;

    /*値の出力*/
    printf("%d¥t%d¥t%d¥n",vector[0],vector[1],vector[2]) ;

}
```

図 10.3　配列の利用例　vector.c

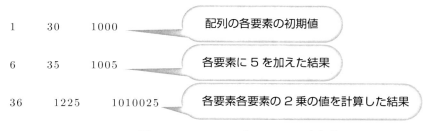

図 10.4　vector.c プログラムの実行結果

　vector.c プログラムの実行結果を図 10.4 に示します．図に示すように，配列に対する処理は，通常の変数に対する処理と同様に行うことができます．

10.2 配列と繰返し処理

配列変数を用いた処理は，複数の数値に対して同様の処理を繰り返す場合に有用です．ここでは，繰返し処理を用いた配列操作について説明します．

10.2.1 繰返し処理による配列の操作

配列の要素は添字で区別されます．そこで，繰返し処理を用いて添字を変化させることで，配列に対する処理を簡単に記述することができます．

たとえば，先の vector.c プログラムの例で，各要素に 5 を加える処理を次のように記述しました．

```
/*計算*/
vector[0]=vector[0]+5 ;
vector[1]=vector[1]+5 ;
vector[2]=vector[2]+5 ;
```

この処理は，実は繰返し処理を用いて次のように記述することができます．下記では，for 文を用いて変数 i の値を 0 から 2 まで変化させて，配列の各要素 vector[0],vector[1] および vector[2] に対する計算を行っています．

```
/*計算*/
for(i=0;i<3;++i)
  vector[i]=vector[i]+5 ;
```

この例ではたかだか三つの要素に対する計算でしたから，繰返し処理を用いなくても記述は容易です．しかし，要素数が 10 個，20 個，あるいはそれ以上あったとしたら，繰返し処理を用いなければプログラムを書くことは困難です．

代入や計算以外の場合でも，配列に対する繰返し処理は有用です．たとえば次のような，値の出力を考えます．

```
/*値の出力*/
printf("%d¥t%d¥t%d¥n",vector[0],vector[1],vector
    [2]) ;
```

この場合も同様に，次のようにして繰返し処理を用いることができます．先の例と同様，要素の個数が多くなっても，この方法を用いれば何でもありません[32]．

[32] たとえば 10 万個の配列要素を出力する場合でも，for 文の書出しを次のように変更するだけでよい．
`for(i=0;i<100000;++i)`

```
/*値の出力*/
for(i=0;i<3;++i)
 printf("%d¥t",vector[i]) ;
printf("¥n") ;
```

以上のように，配列の操作と繰返し処理をうまく組み合わせることで，多くのデータに対する処理を効率よく記述することができます．

10.2.2 配列と繰返し処理の例題プログラム

配列と繰返し処理の例題プログラムとして，次の問題を考えましょう．

問題 10.1

あらかじめ与えられた 10 次元のベクトルについて，キーボードから定数を読み込んで繰返し定数倍するプログラム vector2.c を示せ．
なお，10 次元のベクトルとして次のものを用いよ．

(3,1,4,1,5,9,2,6,5,3)

問題 10.1 に対応するプログラム vector2.c の実行例を，図 10.5 に示します．

```
2
6,2,8,2,10,18,4,12,10,6,
10
60,20,80,20,100,180,40,120,100,60,
5
300,100,400,100,500,900,200,600,500,300,
```

図 10.5　vector2.c の実行例（下線部はキーボードからの入力）

図 10.5 では，最初にキーボードから 2 を入力しています．その結果として，ベクトルの各要素が 2 倍されています．その次は 10 が入力され，最後は 5 と入力されて，各要素がそれぞれ 10 倍および 5 倍されています．

vector2.c プログラムは，繰返し処理を用いると簡単に記述することができます．配列の各要素の定数倍は，次のように記述します．

```
/*定数倍の計算*/
for(i=0;i<10;++i)
 vector[i]=vector[i]*k ;
```

ここで k は，キーボードから読込む定数です．問題では，k を繰返しキーボードから読み込む必要があります．キーボードから値を読み込むには scanf 関数を用いますが，繰り返し読み込む場合には次のように記述します．

```
/*入力と計算の繰返し*/
while(scanf("%d",&k)!=EOF){
 (処理の本体)
}
```

上記のように記述すると，scanf 関数はキーボードから繰返し値を読み込みます．

以上の処理を組み合わせると，vector2.c を完成させることができます．図 10.6 に，vector2.c プログラムを示します．

```
/* vector2.c プログラム */
/* ベクトルの定数倍 */
#include <stdio.h>

/*main 関数*/
int main()
{
 int vector[10]={3,1,4,1,5,9,2,6,5,3};    /*10 要素の配列*/
 int k ;/*乗数*/
 int i ;

 /*入力と計算の繰返し*/
 while(scanf("%d",&k)!=EOF){
  /*定数倍の計算*/
  for(i=0;i<10;++i)
   vector[i]=vector[i]*k ;
  /*値の出力*/
  for(i=0;i<10;++i)
   printf("%d,",vector[i]) ;
  printf("¥n") ;
 }
}
```

図 10.6　vector2.c プログラム

vector2.c プログラムでは，配列を定義する際に，下記のように記述することで値の初期化を行っています．

```
int vector[10]={3,1,4,1,5,9,2,6,5,3};/*10 要素の配列*/
```

このように，カンマで区切って各要素の初期値をカッコ内に記述すること

で，配列の初期値を設定することができます[33]．

[33] なお C 言語や C++ 言語では，配列に限らず，変数の定義の際に変数の初期値を与えることが可能である．たとえば整数型の変数 sum に 0 を初期値として与える場合であれば，下記のように変数を定義すればよい．
　　int sum=0 ;

[10章のまとめ]

- 配列は，同じ型の変数の集まりであり，添字で個々の要素を区別することができるデータ構造である．
- 配列の処理は，繰返し処理とともに用いると有用である．

10章　演習問題

問題 1

繰返し処理を用いて vector.c プログラムと同様の処理を行うプログラムを作成してください．

問題 2

下記の配列 vector について，すべての要素の2乗を計算して，それらを合計した値を出力するプログラム vector3.c を作成してください．

```
int vector[10]={3,1,4,1,5,9,2,6,5,3};        /*10要素の配列*/
```

第11章　例題演習その2
　　　　（統計処理・連立一次方程式）

［この章のねらい］

　本章では，これまで学んだ知識を使って，基本的な統計処理プログラムや連立一次方程式の数値計算プログラムなどを扱います．これらの例題演習は，工学の多くの分野における，ある程度実用的なデータ処理プログラムを構成する際の基礎的な考え方を含んでいます．

［この章で学ぶ項目］

　　11.1 基本的な統計処理
　　11.2 連立一次方程式の解法

11.1 基本的な統計処理

本節では，平均や分散といった基本的な統計処理プログラムの構成について扱います．このプログラムは，データを一つずつ読み込んでは処理を施すという，データ処理の基本的な処理パターンによって構成されます．

11.1.1 平均，偏差，分散

はじめに，平均や分散といった，基本的な統計値を計算する方法を考えましょう．平均 μ や分散 σ^2 は，次の式で計算することができます．ただし，x_i は i 番目のデータであり，N はデータの個数です．

$$\mu = \frac{\sum x_i}{N}$$
$$\sigma^2 = \frac{\sum (x_i - \mu)^2}{N}$$

この計算をプログラムとして実装するためには，データを一つずつ読み込んで配列に格納するとともに，それらの和を求める必要があります．その上で平均値を求め，さらに，平均値を使って分散を計算します．

そこではじめに準備として，いくつかの数値を読み込んで配列に格納して行くプログラムを考えます．

問題 11.1
　いくつかの数値を読み込んで配列に格納し，入力が終わったら，入力された数値の個数と各数値の値を以下の図 11.1 のように出力するプログラム input.c を作成せよ．

```
            2 7 1 8 2 8
入力されたデータの個数:6
入力されたデータの内訳
0 : 2.000000
1 : 7.000000
2 : 1.000000
3 : 8.000000
4 : 2.000000
5 : 8.000000
input.c プログラムの動作例（下線部はキーボードからの入力）
```

問題 11.1 では，数値を繰り返し読み取る必要があります．この処理は，10 章で示したように，while 文による繰返し処理と **scanf** 関数による入力処理を組み合わせて記述することができます．さらにここでは，配列の各要素に順番に入力値を格納する必要があります．そこで次のような枠組みでプログ

ラムを作成します．

```
n=0 ;
/*入力の繰返し*/
while(scanf("%lf",&inputdata)!=EOF){
 x[n]=inputdata ;
 ++n;
}
```

上記の例では，while 文と scanf 関数の組合せによって，double 型のデータをキーボードから繰り返し読み取ります．読み取った値は変数 **inputdata** にいったん格納し，その値を配列の n 番目の要素に代入します．n の値は，次の入力に備えて 1 だけ増やします．入力が終了して上記の while 文の処理が終わった際には，変数 n に格納された値は入力データの個数と等しくなります．

以上の考え方で構成した input.c プログラムのソースコードを，図 11.1 に示します．

```
/* input.c プログラム */
/* データ読込みの例題プログラム*/
#include <stdio.h>
#define NMAX   65535              /*データ個数の最大値*/


/*main 関数*/
int main()
{
 double x[NMAX] ;                 /*入力データ*/
 int n=0 ;/*データ数*/
 int i ;

 /*データの入力*/
 while(scanf("%lf",&x[n])!=EOF){
  ++n;
  if(n>=NMAX) break;              /*データ個数最大*/
 }

 /*結果の出力*/
 printf("入力されたデータの個数:%d\n",n) ;
 printf("入力されたデータの内訳 \n") ;
 for(i=0;i<n;++i)
  printf("%d : %lf\n",i,x[i]) ;
}
```

図 11.1　input.c プログラムのソースコード

input.c プログラムでは，データ入力の繰返し処理において，次のような記述をつけ加えています．

```
if(n>=NMAX) break;    /*データ個数最大*/
```

これは，配列に格納するデータの個数が多すぎて，配列の要素数を超えてしまう場合に対応した処理です．具体的には，データ個数が配列要素数を表す **NMAX** を超える場合には，break 文を用いて while による繰返しを強制的に終了させています．**break** 文を実行すると，while による繰返しをその時点で終了して，次の処理に進みます．結果として，NMAX を超えない範囲でプログラムの処理を進めることになります．

11.1.2 統計処理プログラム

前節の input.c プログラムにおける考え方を利用して，簡単な統計計算を行うプログラムを作成してみましょう．

> **問題 11.2**
> いくつかの数値を読み込み，それらの個数，合計値，平均値および分散値を出力するプログラム stat.c を示せ．

stat.c プログラムは，先に示した input.c プログラムを拡張することで構成できます．すなわち，図 11.3 に示すような手順で処理を進めることで，問題で要求された数値を計算します．

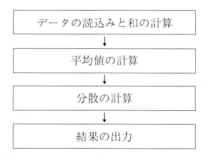

図 **11.2** stat.c プログラムの処理手順

図 11.2 にあるように，stat.c プログラムでは最初にデータの読込みと和の計算を行います．これは，input.c プログラムの記述を次に示すように拡張することで，読込みと和の計算を同時に行います．

```
double sum=0.0 ;                    /*和*/
int n=0 ;                           /*データ数*/

/*データの入力*/
while(scanf("%lf",&x[n])!=EOF){
 /*和の計算*/
 sum=sum+x[n] ;
 ++n;
 if(n>=NMAX) break;                 /*データ個数最大*/
}
```

和とデータ個数が求まれば，平均値の計算は容易です．すなわち次にように，総合計 sum をデータ個数 n で割るだけです．

```
/*平均値の計算*/
average=sum/n ;
```

分散の計算は，平均値 average と各データ x[i] を用いて，さきに示した公式に基づいて次のように行います．

```
double variance=0.0 ;               /*分散*/

/*分散の計算*/
for(i=0;i<n;++i){
 variance
  =variance+(x[i]-average)*(x[i]-average) ;
}
variance=variance/n ;
```

以上のコードを組み合わせると，stat.c プログラムができあがります．図 11.3 に，stat.c プログラムのソースコードを示します．

stat.c プログラムの実行列を図 11.4 に示します．図では，5 個のデータを入力して，総合計と平均，および分散を求めています．

```
/* stat.c プログラム */
/* 基本的な統計計算*/
#include <stdio.h>
#define NMAX   65535                    /*データ個数の最大値*/


/*main 関数*/
int main()
{
 double x[NMAX] ;                       /*入力データ*/
 double sum=0.0 ;                       /*和*/
 double variance=0.0 ;                  /*分散*/
 double average ;                       /*平均*/
 int n=0 ;                              /*データ数*/
 int i ;

 /*データの入力*/
 while(scanf("%lf",&x[n])!=EOF){
  /*和の計算*/
  sum=sum+x[n] ;
  ++n;
  if(n>=NMAX) break;                    /*データ個数最大*/
 }

 /*平均値の計算*/
 average=sum/n ;

 /*分散の計算*/
 for(i=0;i<n;++i){
  variance
   =variance+(x[i]-average)*(x[i]-average) ;
 }
 variance=variance/n ;

 /*結果の出力*/
 printf("n=%d,sum=%lf¥n",n,sum) ;
 printf("average=%lf,variance=%lf¥n",average,variance) ;
}
```

図 11.3 stat.c プログラムのソースコード

```
2.5
3.5
1.2
5.5
9.1
n=5,sum=21.800000
average=4.360000,variance=7.590400
```

図 11.4 stat.c プログラムの実行例（下線部はキーボードからの入力）

11.2 連立一次方程式の解法

本節では，連立一次方程式を解くプログラムを構成します．この例題プログラムでは，配列の各要素がそれぞれ添字を二つ持つ，**2次元配列**を利用します．2次元配列は，工学の他の場所に合わせる分野で利用される行列を表現するのに有効なデータ構造です．

11.2.1 ガウスの消去法のアルゴリズム

プログラムの構成に先立って，連立一次方程式を解くアルゴリズムを説明します．ここでは，**ガウスの消去法**という方法で方程式を解くことにしましょう．

ガウスの消去法の手続きは，**前進消去**と**後退代入**という二つの手続きから構成されるアルゴリズムです．具体的な方程式を例に取り上げて，前進消去と後退代入の手続きを説明しましょう．

例として，次の3元連立一次方程式を考えることにしましょう．

$$\begin{cases} 3x_1 + 2x_2 + 4x_3 = \dfrac{37}{2} \\ 2x_1 + 3x_2 + 6x_3 = \dfrac{53}{2} \\ x_1 + 3x_2 + 2x_3 = 12 \end{cases}$$

上記の方程式に対し計算操作を加えますが，計算の過程では係数と式の右辺の値だけあれば十分です．そこで，これらの値を行列の形式で下記のように記述します．この行列を，**拡大係数行列**と呼びます．

$$\begin{pmatrix} 3 & 2 & 4 & \dfrac{37}{2} \\ 2 & 3 & 6 & \dfrac{53}{2} \\ 1 & 3 & 2 & 12 \end{pmatrix}$$

上記の拡大係数行列に対して，前進消去と後退代入の操作を加えます．

まず，前進消去では，順に係数の値を消去してゆきます．最初に，1行目の方程式の各項を3で割ることで，1行目の x_1 の係数を1にします．

$$\begin{pmatrix} 1 & \dfrac{2}{3} & \dfrac{4}{3} & \dfrac{37}{6} \\ 2 & 3 & 6 & \dfrac{53}{2} \\ 1 & 3 & 2 & 12 \end{pmatrix}$$

次に，2行目と3行目のx_1の係数を0にすることを考えます．このために，1行目を2倍して2行目から引きます．また，1行目を1倍して3行目から引きます．これにより，2行目と3行目のx_1の係数が0になります．

$$\begin{pmatrix} 1 & \frac{2}{3} & \frac{4}{3} & \frac{37}{6} \\ 0 & \frac{5}{3} & \frac{10}{3} & \frac{85}{6} \\ 0 & \frac{7}{3} & \frac{2}{3} & \frac{35}{6} \end{pmatrix}$$

今度は2行目に進み，x_2の係数を1にするために，各項を$\frac{5}{3}$で割ります．

$$\begin{pmatrix} 1 & \frac{2}{3} & \frac{4}{3} & \frac{37}{6} \\ 0 & 1 & 2 & \frac{17}{2} \\ 0 & \frac{7}{3} & \frac{2}{3} & \frac{35}{6} \end{pmatrix}$$

次は，先の例と同様，3行目のx_2の係数を0にするために，2行目を$\frac{7}{3}$倍して3行目から引きます．

$$\begin{pmatrix} 1 & \frac{2}{3} & \frac{4}{3} & \frac{37}{6} \\ 0 & 1 & 2 & \frac{17}{2} \\ 0 & 0 & -4 & -14 \end{pmatrix}$$

最後に，3行目のx_3の係数を1にするために，各項を-4で割ります．

$$\begin{pmatrix} 1 & \frac{2}{3} & \frac{4}{3} & \frac{37}{6} \\ 0 & 1 & 2 & \frac{17}{2} \\ 0 & 0 & 1 & \frac{7}{2} \end{pmatrix}$$

以上で前進消去の手続きは終了です．この時点で，上記の拡大係数行列は次の方程式を表しています．

$$\begin{cases} x_1 + \frac{2}{3}x_2 + \frac{4}{3}x_3 = \frac{37}{6} \\ \quad\quad\quad x_2 + 2x_3 = \frac{17}{2} \\ \quad\quad\quad\quad\quad x_3 = \frac{7}{2} \end{cases}$$

3行目の式から，$x_3 = \frac{7}{2}$であることがわかります．

ガウスの消去法の後半は，後退代入の手続きです．後退代入では，前進消去により求めた x_3 の値と拡大係数行列を用いて残りの未知変数の値を求めます．

後退代入の手続きの最初として，x_3 の値を2行目の式に代入します．すると，x_2 の値が求まります．

$$x_2 + 2 \times \frac{7}{2} = \frac{17}{2}$$

よって $x_2 = \frac{3}{2}$

次は，x_2 と x_3 の値を用いて，x_1 の値を求めます．

$$x_1 + \frac{2}{3} \times \frac{3}{2} + \frac{4}{3} \times \frac{7}{2} = \frac{37}{6}$$

よって $x_1 = \frac{1}{2}$

これで，すべての未知変数の値が求まりました．

11.2.2 ガウスの消去法プログラム

ガウスの消去法は決められた手続きを順に繰り返すだけなので，コンピュータプログラムとして実装しやすいという利点があります．ガウスの消去法をプログラムとして実装することを考えましょう (問題 11.3)．

問題 11.3

次の拡大係数行列で与えられる連立一次方程式を，ガウスの消去法を用いて解くプログラム gauss.c を示せ．

$$\begin{pmatrix} 5 & 4 & 3 & 2 & 35 \\ 1 & 6 & 2 & 3 & 36 \\ 2 & 3 & 7 & 4 & 56 \\ 3 & 2 & 1 & 8 & 51 \end{pmatrix}$$

---

gauss.c プログラムを実装するためには，連立一次方程式の拡大係数行列をプログラム内部のデータ構造として表現しなければなりません．このために，2次元配列を用いることにします．**2次元配列**は，二つの添字で一つの配列要素を特定するデータ形式です．

2次元配列の利用例を図 11.5 に示します．図では，ary[0][0] から ary[1][2] まで，6個の要素を持つ2次元配列 ary を示しています．

gauss.c プログラムでは，2次元配列を用いて拡大係数行列を表現します．拡大係数行列を表す配列 a の定義例を示します．

```
double ary[2][3] ;          /*2 次元配列の例*/

ary[0][0]    ary[0][1]    ary[0][2]
ary[1][0]    ary[1][1]    ary[1][2]
```

図 11.5 2 次元配列の利用例

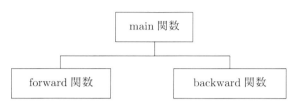

図 11.6 gauss.c プログラムのモジュール構造図

```
double a[4][5]                /*拡大係数行列*/
 ={{5,4,3,2,35},{1,6,2,3,36},{2,3,7,4,56},
   {3,2,1,8,51}};
```

　上記では，4 元連立方程式の拡大係数行列に対応する配列 a に，問題 11.3 で与えられた方程式の係数等を初期値として設定しています．このように，配列の定義時には，配列の各要素に初期値を与えることができます．

　拡大係数行列の表現方法が決まりましたから，次にプログラムの構成を考えます．ガウスの消去法の手続きは，先に説明したように，前進消去と後退代入という二つの主要部分から成り立っています．そこで，これら二つの処理をそれぞれ関数として表現することにしましょう[34]．図 11.6 に，**gauss.c** プログラムのモジュール構造図を示します．図で，**forward** 関数は前進消去を担当し，**backward** 関数は後退代入を担当します．

　次に，forward 関数の構成方法を考えます．forward 関数の手続きは，次のような処理です．

i = 0 から N−1 について以下を繰り返す
　i 行の各要素を aii で割る
　i + 1 行以下について，i 行を使って式前半の項を消去

backward 関数の処理内容は，次のようになります．

i = N−1 から i = 1 までの xi について，以下を繰り返す
　xi を，xi+1 以降の項および拡大係数行列の値を使って計算

[34] 関数に分割せずに main 関数内に直接処理を記述することも可能であるが，関数に分割するほうがプログラムの見通しがよくなり，作成や変更が容易になる．

以上の準備を基に，gauss.c プログラムを構成します．図 11.7 にプログラムのソースコードを示します．また，gauss.c プログラムの実行結果を図 11.8 に示します．

```c
/*ガウスの消去法*/
/*ガウスの消去法により連立方程式を解くプログラム*/

#include <stdio.h>

#define N 4                          /*連立方程式の未知変数の個数*/

/*関数のプロトタイプの宣言*/
void forward(double a[][N+1]) ;                      /*前進消去*/
void backward(double a[][N+1],double x[N]) ;         /*後退代入*/

/*main() 関数*/
int main()
{
 double x[N] ;                                  /*未知変数*/
 int i ;
 int j ;
 double a[N][N+1]                               /*拡大係数行列*/
  ={{5,4,3,2,35},{1,6,2,3,36},{2,3,7,4,56},
    {3,2,1,8,51}};

 /*前進消去*/
 forward(a) ;
 /* 後退代入*/
 backward(a,x) ;
 /*結果の出力*/
 for(i=0;i<N;++i)
  printf("%lf\n",x[i]) ;
}

/*forward() 関数*/
/*前進消去*/
```

```c
void forward(double a[][N+1])
{
 double aii,aki ;                          /*計算に必要な一時変数*/
 int i,j,k ;

 /*前進消去の計算*/
 for(i=0;i<N;++i){
  aii=a[i][i] ;
  for(j=i;j<N+1;++j)
   a[i][j]=a[i][j]/aii ;                   /*i 行の各要素を aii で割る*/
  for(k=i+1;k<N;++k){                      /*i+1 行以下の計算*/
   aki=a[k][i] ;
   for(j=i;j<N+1;++j)                      /*項の消去の計算*/
    a[k][j]=a[k][j]-a[i][j]*aki ;
  }
 }
}

/*backward() 関数*/
/*後退代入*/

void backward(double a[][N+1],double x[N])
{
 double sum ;                              /*各項の和*/
 int i,j ;

 /*逐次代入を下段から上段へ繰り返す*/
 for(i=N-1;i>=0;--i){
  sum=0 ;
  for(j=i+1;j<N;++j)
   sum+=a[i][j]*x[j] ;                     /*各項の和*/
  x[i]=a[i][N]-sum ;                       /*xi の計算*/
 }
}
```

図 11.7 gauss.c プログラムのソースコード

```
1.000000
2.000000
4.000000
5.000000
```

図 11.8 gauss.c プログラムの実行結果

[11 章のまとめ]

- 繰返し処理と入力処理を組み合わせると，データ処理プログラムの基本的なパターンを構成することができる．
- 行列の表現には，2 次元配列を用いることができる．

11章　演習問題

問題 1

　　stat.c プログラムにおいて，データ個数の最大値 NMAX をごく小さな値に書き換えてプログラムを実行するとどうなるでしょうか．
たとえば，

```
#define NMAX   3   /*データ個数の最大値*/
```

としてプログラムを実行してみてください．

問題 2

　　gauss.c プログラムを改造し，拡大係数行列の初期値を変更することで，11.2.1 で示した 3 元連立方程式を解いてください．

第12章 ライブラリの利用

[この章のねらい]

　これまでに説明したように，C言語やC++言語では，入出力処理についてあらかじめprintf関数やscanf関数などがシステムに用意されています．プログラム作成時にはこれらを利用することで，プログラム作成を効率化することができます．実はシステムに用意されている関数はほかにもさまざまなものがあります．これらの関数の集まりを一般に「ライブラリ」と呼びます．ライブラリに含まれる関数には，たとえば平方根や三角関数といった数学関数や，シミュレーションなどに用いる乱数関数などがあります．本章では，こうしたライブラリに含まれる関数を使った処理について紹介します．

[この章で学ぶ項目]

　　12.1 数学関数
　　12.2 乱数

12.1 数学関数

ここでは，対数や平方根，あるいは三角関数といった数学関数の使い方を示します．

12.1.1 対数と平方根

ライブラリに含まれる数学関数の利用例として，次の問題 12.1 の logsqrt.c プログラムを考えましょう．このプログラムでは，平方根や対数の値を計算します．

問題 12.1

$i = 1$ から 10 の範囲の整数 i について，以下の値を計算せよ．

$\sqrt{i}$ $\qquad$ $\ln(i)$

C 言語には，標準ライブラリにさまざまな数学関数が用意されています．表 12.1 にその一部を示します．問題 12.1 では，これらの関数の内から，平方根を求める **sqrt** 関数と，自然対数を求める **log** 関数を利用します．

表 12.1 に示した標準ライブラリ内の関数を利用する際には，その準備として，プログラム冒頭に次の記述を追加する必要があります．math.h は，表 12.1 に示した関数の宣言が記述されたファイルです．

```
#include <math.h>
```

上記の記述に加えて，プログラムをコンパイルする際に特別な指示が必要となる場合もあります．たとえば linux 環境で **gcc** を用いてコンパイルする場合には，通常のコンパイル指示に加えて，"-lm" という指示[35]を追加する

[35) これは，数学ライブラリ関数のプログラムを作成したプログラムに組み込め，という指示である．コンパイラの設定によっては，この指示をしなくても自動的に組み込まれる場合もある．]

表 12.1 標準ライブラリに含まれる数学関数（一部）

関数	説明
$\sin(x)$	正弦関数 (sine)
$\cos(x)$	余弦 (cosine)
$\tan(x)$	正接関数（tangent）
$\text{atan}(x)$	逆正接関数（arctangent）
$\sinh(x)$	双曲線関数 (hyperbolic sine)
$\exp(x)$	e^x
$\log(x)$	自然対数 $\ln(x)$
$\log 10(x)$	常用対数
$\text{pow}(x,y)$	x^y

```
/* logsqrt.c プログラム */
/* 数学ライブラリ関数の利用例*/
#include <stdio.h>
#include <math.h>

int main()
{
 int i;                              /*繰返し回数を数えるカウンタ*/

 printf("i\tsqrt(i)\t\tlog(i)\n") ;
 for(i=1;i<=10;++i)                  /*1 から 10 まで繰り返す*/
  printf("%d\t%lf\t%lf\n",i,sqrt(i),log(i)) ;

}
```

(1) ソースコード

```
i    sqrt(i)      log(i)
1    1.000000     0.000000
2    1.414214     0.693147
3    1.732051     1.098612
4    2.000000     1.386294
5    2.236068     1.609438
6    2.449490     1.791759
7    2.645751     1.945910
8    2.828427     2.079442
9    3.000000     2.197225
10   3.162278     2.302585
```

(2) 実行結果

図 **12.1**　logsqrt.c プログラム

必要のある場合があります．

以上の準備をもとに，logsqrt.c プログラムを構成します．図 12.1 に，logsqrt.c プログラムを示します．

12.1.2　三角関数

次に，三角関数を使ったプログラムを扱います．次の，問題 12.2 を見てください．

問題 12.2
　$\theta = 0° \sim 360°$ の範囲について，$\sin(\theta)$ および $\cos(\theta)$ の値を計算するプログラム sincos.c を作成せよ．

数学ライブラリを用いれば，**sincos.c** プログラムは容易に構成することができます．図 12.2 に，sincos.c プログラムを示します．

```
/* sincos.c プログラム */
/* 数学ライブラリ関数の利用例 2*/
#include <stdio.h>
#include <math.h>

int main()
{
 int i;                              /*繰返し回数を数えるカウンタ*/

 printf("theta¥tsin(theta)¥tcos(theta)¥n") ;
 for(i=0;i<=360;++i){                /*0 度から 360 度まで繰り返す*/
  printf("%d",i) ;
  printf("¥t%lf",sin(2.0*M_PI*i/360.0)) ;
  printf("¥t%lf¥n",cos(2.0*M_PI*i/360.0)) ;
 }
}
```

(1) ソースコード

```
theta     sin(theta)    cos(theta)
0         0.000000      1.000000
1         0.017452      0.999848
2         0.034899      0.999391
3         0.052336      0.998630
4         0.069756      0.997564
  ...
355       -0.087156     0.996195
356       -0.069756     0.997564
357       -0.052336     0.998630
358       -0.034899     0.999391
359       -0.017452     0.999848
360       -0.000000     1.000000
```

(2) 実行結果

図 **12.2** sincos.c プログラム

sincos.c プログラムで，実際に三角関数の計算を行っているのは次の 2 行です．

```
printf("¥t%lf",sin(2.0*M_PI*i/360.0)) ;
printf("¥t%lf¥n",cos(2.0*M_PI*i/360.0)) ;
```

ここで，sin 関数と cos 関数はラジアンで表された角度に対して三角関数の値を計算します．そこで sincos.c プログラムでは，角度をラジアンに変換する必要があります．この際に，円周率 π の値が必要となりますが，円周率は記号定数 M_PI としてあらかじめ定義されています[36]．そこで sincos.c プログラムでは，M_PI を用いて角度を変換しています．

[36] なお，コンパイラによっては M_PI があらかじめ定義されていない場合がある．M_PI の未定義エラーが発生する場合には，下記の 1 行をプログラム冒頭に追加すればよい．
#define M_PI 3.14159265358979323846

12.2 乱数

本節では，数値シミュレーションで用いられる乱数列の生成について取り上げます．ここでいう乱数列とは，数列の途中までの系列を調べても，その後の数の並びが予測できないような数列のことです．

12.2.1 擬似乱数列とは

コンピュータが広く普及した現在，工学のさまざまな分野で，ある現象をコンピュータを用いて数値的に模擬する数値シミュレーションがよく用いられています．たとえば，電子回路の挙動解析や，機械や構造物の構造解析，あるいは分子の運動解析に基づく化学変化の解析など，数値シミュレーションの応用分野は工学全体におよんでいます．数値シミュレーションでは，数式を計算することで答えを求める形式の決定論的なシミュレーションのほかに，偶然の要素を含めて現象を模擬する確率的なシミュレーションもよく行われます．後者の場合，偶然の要素を考慮するためには，シミュレーションの過程でさいころやくじのような手続きで値を決定する必要があります．このようにして値を確率的に決定した数値の並びを，**乱数列** (random number sequence) と呼びます．

乱数列をコンピュータシミュレーションで用いるためには，数の並びが予測できないような数列を何らかの方法で準備しなければなりません．電子回路を用いて乱数列を生成する回路や，量子論的な物理現象を数値化して記録したデータ集などもありますが[37]，扱いが不便です．そこで，計算式を用いて乱数列と近い性質を持った数列を生成する技法がよく用いられます．計算によって求まるこうした数列を，**擬似乱数列** (pseudo random number sequence) と呼びます．

疑似乱数列は，次のような手続きで生成されます．

---
①初項 r0 に適当な初期値を設定する．
②以下を必要な回数だけ繰り返す．
　適当な計算式により，ri 項から ri + 1 項を計算する．

C 言語や C++ 言語では，擬似乱数列を生成するライブラリ関数である **rand** 関数が用意されています．rand 関数は，上記手続の ② の繰返しにおける計算を担当する関数です．これに対して，① に対応する関数が **srand** 関数です．srand 関数は，適当な初期値を受け取ることで，擬似乱数列の先頭要素を決定します．

srand 関数と rand 関数は組で使われます．つまり，乱数列生成に先立って一

[37] 物理現象を計測して得られた乱数の長い系列を DVD 等のメディアに収録したデータが提供されている．

度だけ srand 関数を用いて初期値を設定し，あとは必要な回数だけ rand 関数を呼び出すことで乱数を繰り返し生成します．なお，rand 関数は整数の乱数列を生成しますが，それぞれの乱数の値は，0 以上かつ記号定数 RAND_MAX で定義された数値以下の符号なし整数となります．RAND_MAX の具体的な値は，利用するコンパイラによって異なります．RAND_MAX 記号定数や rand 関数を利用するには，プログラムの先頭に以下の記述を置きます．

```
#include <stdlib.h>
```

以上で準備が整いましたので，これらの準備をもとにプログラムを構成します．図 12.3 に rand 関数の利用例である rand.c プログラムを示します．

```
/* rand.c プログラム */
/* rand 関数の利用例 */
#include <stdio.h>
#include <stdlib.h>

#define SEED   65535            /*乱数列の種*/

int main()
{
 int i;                         /*繰返し回数を数えるカウンタ*/

 srand(SEED) ;                  /*乱数列の初期化*/
 for(i=0;i<10;++i)              /*10 回の繰返し*/
  printf("%d¥n",rand()) ;

}
```

(1) ソースコード

```
842357681
845752218
1085970682
559636718
1183757514
1530858050
2089793687
1913688592
1429107512
212274589
```

(2) 実行結果（例）

図 12.3 rand 関数の利用例　rand.c プログラム

rand.c プログラムでは，まず srand 関数を呼び出すことで乱数列を初期化します．srand 関数に与える値は何でもよいのですが，与えた値に従って，決まった乱数列が生成されます．rand.c プログラムでは，記号定数 **SEED** で初期値を与えています．したがって，SEED の値を変更しなければ，いつでも同じ数字の並びからなる乱数列が生成されます．rand.c プログラムでは，for 文を使って rand 関数を 10 回呼び出しています．そこで，図 12.3（2）の実行結果にあるように，10 個の乱数からなる乱数列が生成されます．ただし，rand 関数の計算アルゴリズムはコンパイラの種類ごとに異なるので，図 12.3 の rand.c プログラムがいつも図 12.3（2）の実行結果と一致するとは限りません．

12.2.2 擬似乱数列を利用したプログラム

擬似乱数列を数値計算に利用してみましょう．問題 12.3 を見てください．

> **問題 12.3**
> $(0,0)$ から $(\pi,1)$ の範囲でランダムに座標点 (x,y) を 10000000 点生成せよ．それらの座標点のうち，
> $$y <= \sin(x)$$
> となる点の個数を数えよ．以上の操作を行うプログラム integral.c を作成せよ．

integral.c プログラムは，**モンテカルロ法** (Monte Carlo method)[38] による積分を行うプログラムです．モンテカルロ法による積分とは，乱数を使って座標点を生成し，ある領域に含まれる座標点の個数を数えることでその領域の面積を求める方法です．たとえば問題 12.3 の例でいえば，図 12.4 に示すように，sin 関数の下の部分の面積を，ランダムに生成した座標点の個数比で求めます．

[38] カジノで有名な地名にちなんで，フォン・ノイマンが命名した名称である．

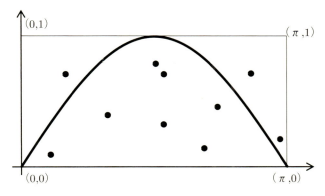

図 12.4 integral.c プログラムの動作

図 12.4 では，ランダムに生成した 10 個の座標点のうち，7 個が sin 関数の線より下の部分に入っており，残りの 3 個はその領域外に出ています．したがって，全体の $\frac{7}{10}$ にあたる個数の座標点が領域内に含まれています．座標点は $(0,0)$ から $(\pi,1)$ の範囲でランダムに生成されますから，生成されうる範囲は図に示した長方形の内部となります．長方形全体の面積は π ですから，sin 関数の下の部分の面積は座標点の個数比から次のように計算されます．

$$\pi \times \frac{7}{10} = 2.199\cdots$$

解析的に求まる真の値は 2 ですから，上記の値はおおよその概数としては正しい値となっています．

さて，この計算を行うためには，繰り返して座標点を生成する必要があります．このためには，以下のような計算を繰り返し行います．

```
x=(double)rand()/RAND_MAX*M_PI ;          /*0-π*/
y=(double)rand()/RAND_MAX ;               /*0-1*/
```

```
/* integral.c プログラム */
/* 乱数の利用例            */
/* 乱数を使った数値積分 */
#include <stdio.h>
#include <stdlib.h>
#include <math.h>

#define SEED   65535                    /*乱数列の種*/

int main()
{
 int i,j;                               /*繰返し回数を数えるカウンタ*/
 double x,y ;                           /*乱数で決まる座標点*/
 double count=0 ;                       /*領域内の回数*/

 srand(SEED) ;                          /*乱数列の初期化*/
 for(i=0;i<100;++i){                    /*100 回の繰返し*/
  for(j=0;j<100000;++j){
   x=(double)rand()/RAND_MAX*M_PI ;     /*0-π*/
   y=(double)rand()/RAND_MAX ;          /*0-1*/
   if(sin(x)>=y) ++count ;
  }
  /*結果の出力*/
  printf("%d:",i) ;
  printf("  %lf¥n",count/100000.0/(i+1)*M_PI) ;
 }
}
```

(1) ソースコード

```
 0:  1.998870
 1:  1.999121
 2:  1.999666
 3:  1.998265
 4:  1.997575
 5:  1.998399
 6:  1.998843
 7:  1.998139
 8:  1.997955
 9:  1.997902
10:  1.998253
11:  1.998040
12:  1.998819
     ...
97:  2.000240
98:  2.000280
99:  2.000237
```

(2) 実行例

図 12.5　integral.c プログラム

上記の計算では，整数の乱数を返す関数である rand 関数の値を double 型の浮動小数点数に変換した上で RAND_MAX で割ることで，0 から 1 の範囲の乱数を生成しています．この値を利用して，任意の範囲の乱数を作成することができます．integral.c プログラムではこの方法で，(0,0) から (π,1) の範囲でランダムに座標点 (x,y) を生成します．integral.c プログラムのソースコードと実行例を図 12.5 に示します．

[12 章のまとめ]

- C 言語や C++ 言語などのプログラミング言語では，よく使われる機能を関数としてまとめたライブラリ関数が，あらかじめシステムに用意されている．
- ライブラリ関数には，入出力などの機能を実現するもののほか，指数関数や対数関数，あるいは三角関数などの数学関数などが用意されている．
- C 言語のライブラリ関数には，数値シミュレーション等で用いられる乱数生成関数も用意されている．

12章　演習問題

問題 1
　　本文の表 12.1 には，標準ライブラリに含まれる数学関数の一部を示しました．ほかにどのような数学関数が利用可能か調べてください．

問題 2
　　rand 関数を使って 1 から 6 までの整数 1000 個からなる乱数列を生成するプログラム dice.c を構成してください．

コラム3：rand () 関数の限界

　本章では擬似乱数列を生成する rand () 関数を取り上げました．rand () 関数は C 言語の処理系に標準的に組み込まれた関数ですが，実は擬似乱数列の生成系としてはあまり性能のよくないことで知られています．rand () 関数がどのように擬似乱数列を生成するかはコンパイラの作成者に任されていますが，多くは線形合同法を基にした乱数生成を行っています．線形合同法は乗算と加算を用いた簡単な計算で実現できますが，規則性が現れやすいという欠点があります．シミュレーションなどで乱数を用いる場合には，乱数に規則性があるとシミュレーションの結果が偏ってしまいますから，rand () 関数をシミュレーションに用いるのは危険です．この場合には，たとえばメルセンヌ・ツイスタのような，より高品質な擬似乱数生成系を用いるべきです．特にシミュレーションに興味のある方は「メルセンヌ・ツイスタ」をキーワードとして検索してみてください．

第13章　さまざまなプログラミング言語（1）

[この章のねらい]

　ここまで本書では，主としてC言語およびC++言語を念頭においてプログラミング言語について説明してきました．これらは現在さまざまな分野で広く利用されているプログラミング言語です．しかし，それ以外にも，利用の局面に応じていろいろなプログラミング言語が利用されています．そこで本章では，さまざまなプログラミング言語を取り上げて紹介します．

[この章で学ぶ項目]

　　13.1 C, C++
　　13.2 Java, Javascript
　　13.3 Fortran, Lisp, Cobol

13.1 C, C++

本節では，これまで例題プログラムの記述に用いてきた C 言語と C++ 言語について，その特徴を説明します．

13.1.1 C 言語

C 言語[39]は，1970 年代に開発された，歴史のあるプログラミング言語です．元来 C 言語は，コンピュータの基本ソフトウェアである**オペレーティングシステム** (operating system) を記述するために開発されました．実際に C 言語は，**UNIX**（ユニックス）というオペレーティングシステムの記述に利用されています．

オペレーティングシステムとは，コンピュータを使いやすくすることを目的とした，コンピュータの持つ資源を管理するための基本ソフトウェアです．オペレーティングシステムの代表例として，**Windows**（ウィンドウズ）や **Linux**（リナックス）などがあります．

コンピュータの管理を行うためには，ハードウェアの制御を行う必要があります．このため C 言語は，ハードウェア制御の記述がしやすい言語として設計されました．また，基本ソフトであるオペレーティングシステムを記述するためには，実行効率の高い機械語プログラムを生成しなければなりません．C 言語は，こうした特徴を持った言語として設計されています．

現在では，C 言語はオペレーティングシステムの記述だけでなく，さまざまな用途に利用されています．たとえば工学分野における数値計算や，組込み機器のハードウェア制御などにも広く利用されています．

13.1.2 C++ 言語

C++ 言語[40]は，C 言語の拡張版として 1980 年代に発表されました．C++ 言語は，C 言語に対して新しいプログラミングの概念に必要となる機能を追加することを目的として開発されました．新しいプログラミングの概念として最初に取り入れられたのが**オブジェクト指向プログラミング** (object oriented programming) の考え方です．

オブジェクト指向プログラミングとは，処理手続の記述とデータ構造の記述をひとまとめにしたオブジェクトという仕組みをつくり，オブジェクトを組み合わせることでプログラミングを進めるというものです．オブジェクト指向プログラミングをうまく使うと，プログラム開発が容易になることが知られています．

C++ 言語には，オブジェクト指向プログラミングのほか，さまざまな新しい概念が次々と取り込まれており，C 言語と比較するとかなり大規模なプロ

[39] 先に B 言語という言語があり，これを基にして開発された言語が C 言語である．

[40] C 言語の次という意味で，C++ という名前が付けられた．

グラミング言語となっています．それでも C 言語の拡張版という立場は変わらず，本書で示したような C 言語の範囲で記述されたプログラムは，C++言語のコンパイラを使ってもそのままコンパイルすることができます．C++言語は強力な言語ですので，C 言語以上にさまざまな分野でプログラミング言語として利用されています．

13.2 Java, Javascript

本節では，Java 言語と Javascript 言語を取り上げます．これらの言語は名称が似ている上に用途も重なる部分があるので[41]混同されがちですが，実はまったく異なる言語です．

[41] いずれもネットワーク技術や WWW 技術に深い関係があるので，用途が重なる場合がある．

13.2.1 Java 言語

Java（ジャバ）言語は，1990 年代に開発されたプログラミング言語です．C 言語や C++言語と比べて新しい言語であり，新しい技術を積極的に採用して構成されています．C++言語と異なり，まったく新しい言語として設計されているので，ある意味 C++言語よりもすっきりとした言語仕様となっています．

C++言語同様，Java 言語もさまざまな用途に用いられます．特にネットワーク対応のプログラムや，組込み制御用のプログラム，またスマートフォンのアプリケーション開発などによく用いられます．

Java 言語では，プログラムが動作する環境におけるコンピュータネットワークの利用が前提となっています．そこで Java 言語には，ネットワークを活用したプログラム作成に対応した仕組みがあらかじめ盛り込まれています．また，Java 言語で記述したプログラムは，ネットワークに接続された多様なコンピュータ上で実行可能となるよう，実行形式についても工夫がなされています．Java 言語の標語に，次のものがあります．

　　　Write once, run anywhere　　（一度書いたら，どこでも走る）

これは，一度プログラムを作成すれば，それはネットワーク上のどのコンピュータ上でも動作させることができる，という意味を表しています．

以上のことを実現するために，Java 言語では，コンパイラ方式とインタプリタ方式を組み合わせた処理形式を採用しています．これは，図 13.1 に示すように，さまざまなコンピュータ向けに **Java 仮想マシン** (JavaVM) と呼ばれるインタプリタを準備しておき，コンパイラの出力を特定の機械語ではなくインタプリタ向けの特殊な機械語とすることで実現しています．この特殊な機械語のことを，**Java** バイトコードと呼びます．Java バイトコードは，そ

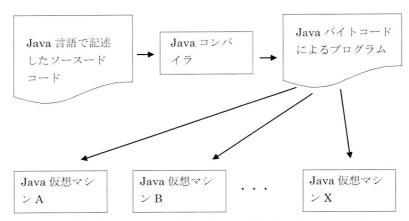

さまざまなコンピュータ向けの Java 仮想マシン上で実行可能

図 13.1 Java 言語の処理形式

```
//Hello.java プログラム
//Java 言語による挨拶プログラム
public class Hello{
 public static void main(String[] args){
  System.out.println("こんにちは！¥n") ;
 }
}
```

（1）Hello.java プログラムのソースコード

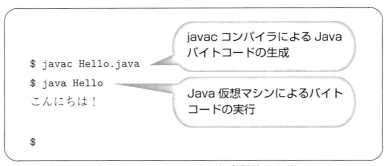

（2）Hello.java プログラムのコンパイルと実行結果の例

図 13.2 Java 言語によるプログラムのソースコード例と実行例

れぞれのコンピュータ向けの Java 仮想マシンによって，どこでも同じように実行されます．こうすると，コンパイラの出力したプログラムは，インタプリタ上で実行することでどのコンピュータにおいてもそのまま実行することができるようになります．

図 13.2 に Java 言語によるプログラム例を示します．実行例では，Java のコンパイラである javac を使ってソースコードを Java バイトコードにコンパイルしています．その結果を利用して，Java 仮想マシンを起動するコマンド

であるjavaコマンドを用いてプログラムを実行しています．

13.2.2 Javascript

Javascript（ジャバスクリプト）は，Java言語とは異なるプログラミング言語です．JavascriptはWebブラウザ上での能動的な処理を記述するための言語として開発されました．このため，Javascriptによるプログラムは単体で用いられず，Webブラウザに与える**HTML**(Hyper Text Markup Language) の文書の一部として記述されます．HTMLは，Webのページを記述するための言語であり，プログラミング言語が記述するような能動的な処理を記述することができません．これに対し，Javascriptを組み込んだHTML文書では，一般のプログラミング言語が記述するような能動的な処理を記述することが可能です．

図13.3に，Javascriptによるプログラムの記述例を示します．図13.3はそのほとんどがWebページを記述するHTML言語の記述ですが，5行目だけはJavascriptのプログラムの記述となっています．

図13.4は，図13.3のコードをWebブラウザで読み込んだ場合のプログラム実行例です．図13.4では，Webブラウザの画面に「こんにちは！」というメッセージ（アラートダイアログ）が現れています．このウィンドウのOKボタンを押すと，メッセージが消えます．このように，メッセージのウィンドウとボタンを表示し，ボタン操作によってウィンドウが消えるような能動的処理を記述するのに，Javascriptによるプログラムが使われています．

Javascriptは主としてWebシステムにおけるブラウザ側の処理を担当するプログラムの記述に用いられています．現在では，Webシステムを基盤として利用したネットワークアプリケーションシステムが数多く稼働しています．これらのシステムでは，クライアント側システムのプログラミング言語とし

```
<html>
<head><title></title></head>
<body>
<script>
  alert("こんにちは！");
</script>
</body>
</html>
```

5行目の "alert" から始まる行のみが，Javascriptのプログラム部分である

図 **13.3** Javascriptによるプログラム記述例（HTMLによる記述を含む）

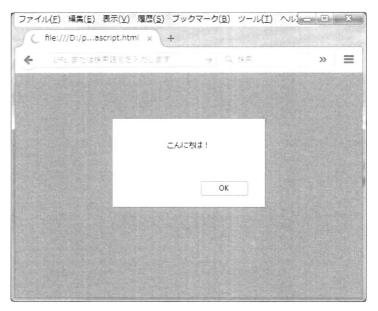

図 13.4 Javascript の実行例（アラートダイアログの出力）

て，Javascript がよく用いられます．

13.3 Fortran, Lisp, Cobol

ここでは，コンピュータの歴史の初期から現在にいたるまで使われ続けている三つの言語を紹介します．これらの言語は古くは 1950 年代に開発されました．その後新たな技術を取り込みながら進化を続け，それぞれの得意分野では今でも広く使われています．

13.3.1 Fortran

Fortran（フォートラン）[42] は，1950 年代に開発されたプログラミング言語であり，現在広く使われているプログラミング言語の中でももっとも長い歴史を有する言語です．開発後さまざまな新技術を取り入れて発展し，現在でも数値計算分野を中心に広く利用されています．簡単なプログラムの例を図 13.5 に示します．

13.3.2 Lisp

Lisp（リスプ）[43] は，1960 年代に言語として成立したプログラミング言語です．他のプログラミング言語と同様に，Lisp 言語もさまざまな拡張がなされ，現在では当初と比較して記述能力が大きく向上するとともに，同じ Lisp

---

[42] 名前の由来は，「formula translation」すなわち「数式翻訳」である．

[43] 「List processor」つまりデータ型の一種であるリストを処理する処理系ということばに由来する．

```
program output
  write (*,*) 'こんにちは！'
end program output
```

（1）hello.f90 プログラムのソースコード

（2）コンパイルと実行の例

図 **13.5** Fortran プログラムの例

ながら少しずつ異なる言語仕様を有した"方言"のような Lisp 言語が数多く発表されています．Lisp は人工知能関連分野や記号処理分野でよく用いられるプログラミング言語ですが，その記述能力を活かして，エディタなどのシステムプログラムの記述や，ネットワーク処理システムの記述などにも用いられることがあります．

Lisp はリストと呼ばれる柔軟なデータ構造を中心としたプログラミング言語であり，C 言語や C++言語，あるいは Java や Fortran などとはかなり異なった記述方法をとります．図 13.6 に Lisp によるプログラムの例を示します．図 13.6 の Lisp プログラムは，Lisp で記述されたエディタである **Emacs** エディタ上で実行することのできる，Emacs Lisp 言語によって記述してあります．

13.3.3　Cobol

Cobol（コボル）[44] は 1960 年代初頭に言語仕様が発表された，事務処理プログラムの記述を目的としたプログラミング言語です．Fortran や Lisp と同様，Cobol も時代とともに変化を遂げており，現在でも事務処理システムなどの記述に用いられている場合があります．図 13.7 に，Cobol のプログラム例を示します．

[44]「common business oriented language」すなわちビジネス処理をするための共通言語として開発された．

```
(defun print100 ()
 (setq i 0)
 (while (> 100 i)
  (princ i)
  (terpri)
  (setq i (+ i 1))
 )
)
```

(1) ソースコード（Lisp の関数定義）

```
print100
0
1
2
3
4
 …
95
96
97
98
99
nil
```

(2) 実行結果（一部）

図 **13.6**　Emacs Lisp によるプログラム例

```
PROGRAM-ID. HELLO.
PROCEDURE DIVISION.
    DISPLAY 'こんにちは！'.
```

(1) ソースコード

```
$ cobc -x hello.cob     ← Cobol コンパイラの一種である
$ ./hello                 cobc によるコンパイル
こんにちは！            ← 機械語プログラムの実行
$
```

(2) コンパイルと実行例

図 **13.7**　Cobol プログラム例

[13 章のまとめ]

- C 言語と C++ 言語は，さまざまな用途に広く用いられている標準的なプログラミング言語である．
- Java 言語はネットワークを前提としたプログラミング言語である．
- Javascript は，本来 Web ブラウザの機能強化のために開発された言語である．
- Fortran, Lisp および Cobol は，1950～1960 年代にその起源を遡ることのできる言語である．その後これらの言語はコンピュータの歴史とともに進化し，現在でも利用されている．

13章　演習問題

問題 1

　本章では，C, C++, Java, Javascript, Fortran, Lisp, Cobol を紹介しました．じつはこの他にも，世の中で多くの人に使われているプログラミング言語だけでも数百種類もの言語があるといわれています．なぜ，このように多くの種類のプログラミング言語があるのでしょうか．考えてみてください．

問題 2

　本章で紹介した言語が利用されている，具体的なソフトウェアシステムを調べてください．

第14章　さまざまなプログラミング言語 (2)

[この章のねらい]

　本章では前章に続いて，さらにさまざまな種類のプログラミング言語を紹介します．はじめに，汎用的なスクリプト言語である Perl, Python および Ruby を取り上げます．次に，テキスト処理や数値計算に特化したスクリプト言語である bc と awk を紹介し，最後に，MATLAB や Mathematica などの，特定のソフトウェア環境でプログラムを記述する方法を紹介します．

[この章で学ぶ項目]

　　14.1 Perl, Python, Ruby
　　14.2 bc, awk
　　14.3 MATLAB, GNU Octave, Mathematica, Maxima

14.1 Perl, Python, Ruby

本節では，汎用のスクリプト言語である Perl, Python および Ruby を紹介します．スクリプト言語とは，主としてインタプリタ方式で実行される，記述が容易なプログラミング言語のことをいいます．

14.1.1 Perl

Perl（パール）[45] は，1980 年代に誕生したスクリプト言語です．特に文字の処理を容易に記述することができるため，Web システムにおける文字関連処理の記述などによく用いられています．しかし Perl は文字処理専用の言語ではなく，汎用のプログラミング言語としての機能を備えています．

Perl はプログラムを容易に記述することのできる言語です．同じ意味のプログラムをさまざまな方法で記述できるという特徴があり，利用者が自分の好きな方法でプログラムを書くことができます．この特徴は，プログラムの作成しやすさという意味では利点となりますが，プログラムの読解の観点からは欠点となります．特に，他人の書いたプログラムを読んだり，自分で書いたプログラムをあとで読み返す際には，大きな欠点となります．

図 14.1 に Perl のプログラムの例を示します．図では，ファイル hello.pl に格納した 1 行だけからなる Perl のソースコードを，Perl インタプリタを使って実行しています．

[45] 真珠を意味する「Pearl」とはつづりが異なっている．

```
print "こんにちは！\n" ;
```
（1）hello.pl プログラムのソースコード

```
$ perl hello.pl
こんにちは！
$
```
perl インタプリタによる hello.pl プログラムの実行

（2）実行例

図 14.1　Perl のプログラム例

14.1.2 Python

Python（パイソン）[46] は，1990 年代に発表されたスクリプト言語です．Perl と同様，汎用のスクリプト言語であり，プログラムの記述が容易となるように設計された言語です．Perl と違うのは，Python では，誰がプログラ

[46] ニシキヘビの意味である．

```
print "Hello!"
```

(1) hello.py プログラムのソースコード

```
$ python hello.py
Hello!
$
```

Python インタプリタによる hello.py プログラムの実行

(2) 実行例

図 **14.2**　Python のプログラム例

ムを書いても，同じ意味のプログラムは同じような記述形式となるように設計されている点です．また，Python には非常に広範囲のライブラリが用意されており，さまざまな分野で手軽にプログラムを開発できるようになっています．

図 14.2 に Python のプログラムの例を示します．図では，非常に簡単なプログラムである hello.py を，Python のインタプリタを使って実行した例を示しています．

14.1.3　Ruby

Ruby（ルビー）[47] は，1990 年代に日本で開発された，汎用のスクリプト言語です．その用途や応用分野は Perl や Python と重なる部分も多いのですが，特に，Ruby on Rails という Ruby 用パッケージを用いることで，Web のアプリケーションシステムを容易に開発できるという特徴があります．

図 14.3 に，Ruby のプログラム例を示します．

[47] 宝石のルビーと同じつづりである．

```
print("Hello!¥n")
```

(1) hello.rb プログラムのソースコード

```
$ ruby hello.rb
Hello!
$
```

Ruby インタプリタによる hello.rb プログラムの実行

(2) 実行例

図 **14.3**　Ruby のプログラム例

14.2 bc, awk

本節では，数値計算やテキスト処理に特化したスクリプト言語を取り上げます．前者の例として bc を説明し，次に，後者の例として awk を取り上げます[48]．

[48] いずれも古い歴史を有する UNIX 系コマンドであるとともに，スクリプト言語としても利用可能である．

14.2.1 bc

bc は，Linux などの UNIX 系 OS で利用できる数値計算用のプログラミング言語です．bc は，対話的に利用することもできますし，プログラムを記述することもできます．bc の使用例を図 14.4 に示します．

図 14.4 では，はじめに，bc を起動するために "bc -l" と打ち込んでいます．

```
$ bc -l
bc 1.06.95
Copyright 1991-1994, 1997, 1998, 2000, 2004, 2006
    Free Software Foundation, Inc.
This is free software with ABSOLUTELY NO WARRANTY.
For details type `warranty'.
2^200
160693804425899027554196209234116260252220299378279283\
    01376
scale=100
sqrt(2)
1.41421356237309504880168872420969807856967187537694807\
    3176679737990¥
7324784621070388503875343276415727
a(1)*4
3.14159265358979323846264338327950288419716939937510582\
    0974944592307¥
8164062862089986280348253421170676
scale=50
for(i=0;i<10;++i)
print i,"¥t",sqrt(i),"¥n"
0       0
1       1
2       1.41421356237309504880168872420969807856967187537694
3       1.73205080756887729352744634150587236694280525381038
4       2.00000000000000000000000000000000000000000000000000
5       2.23606797749978969640917366873127623544061835961152
6       2.44948974278317809819728407470589139196594748065667
7       2.64575131106459059050161575363926042571025918308245
8       2.82842712474619009760337744841939615713934375075389
9       3.00000000000000000000000000000000000000000000000000
```

図 14.4 bc 動作例（下線部は利用者の入力）

ここで，"-l" は数学ライブラリを利用するためのオプションです．続いて，2 の 200 乗の計算を意味する "2^200" を入力しています．この例のように，bc では，長い桁数の整数計算を実行することができます．また，次の行にあるように "scale=100" と指示することで，小数点以下 100 桁の計算を行わせることもできます．図では，2 の平方根と，atn(1) の 4 倍，すなわち円周率 π の値を 100 桁求めています．

続く行でいったん小数点以下の桁数を 50 桁としたうえで，続く 2 行でプログラムを入力しています．ここでは，次のようなプログラムを入力し，実行しています．

```
for(i=0;i<10;+-i)
    print i,"¥t",sqrt(i),"¥n"
```

この 2 行の記述は，C 言語における for 文による繰返しと同様の意味を持っています．すなわち，2 行目の print 文を，i を 0 から 9 まで変化させて繰り返し実行するという意味を表します．このように bc では，プログラムを入力して実行させることもできます．

14.2.2 awk

awk（オーク）は，文字処理を得意とするスクリプト言語です．利用例を図 14.5 に示します．図では，試験の成績を記録したファイルである table.txt というデータに対して処理を施しています．table.txt ファイルには，番号や名前とともに，数学と英語，および国語の試験の点数が記録されています．このファイルから，たとえば英語の成績のみを取り出して番号と名前とともに表示させたい場合には，区にあるように，次のようにして awk のプログラムを実行します．

```
gawk '{print $1 " " $2 " " $4}' table.txt
```

ここで，gawk は awk の一種である gawk を起動するコマンドです．引数として与えた文字列が，awk のプログラムです．ここでは，table.txt ファイルに格納された各行の要素のうち，1 番目と 2 番目，および 4 番目の要素を取り出して，空白で区切って出力するという処理を記述しています．同様に，国語の点数を表示したいのであれば，以下のように記述します．

```
gawk '{print $1 " " $2 " " $5}' table.txt
```

awk は文字パターンの検出や，その置換え処理などを簡単に記述すること

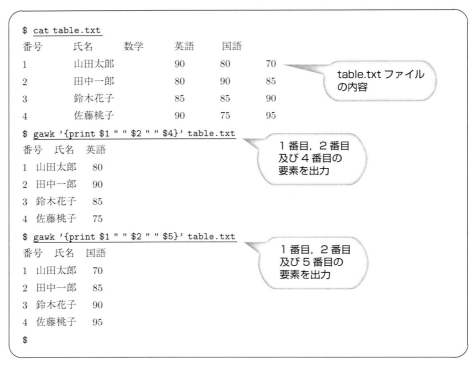

図 14.5 awk の利用例(下線部は利用者の入力)

ができます.そこで,たとえば実験データの前処理などに便利です.

14.3 MATLAB, GNU Octave, Mathematica, Maxima

本節では,数値計算や数式処理を行うツール[49]である MATLAB, GNU Octave および,Mathematica, Maxima を紹介します.

[49] これらはいずれも,ツールとして対話的に利用することができ,かつ,プログラムを与えて実行させる環境としても利用可能である.

14.3.1 MATLAB, GNU Octave

MATLAB(マトラボ)ならびに **GNU Octave**(ジニュ・オクターブ)は,行列計算などの数値計算や数値シミュレーションを簡便に行うことのできるソフトウェアシステムです.図 14.6 に使用例を示します.図では,MATLAB と互換性のあるソフトウェアシステムである GNU Octave を使って連立一次方程式を解く過程を示しています.図で,行列 A は方程式の係数行列であり,ベクトル B は方程式の右辺を表します.したがって図は,下記の連立一次方程式を解く手順を示しています.

$$\begin{cases} x + 2y = 5 \\ 3x + 4y = 11 \end{cases}$$

```
octave:1> A=[1 2;3 4;]
octave:2> B=[5;11]
octave:3> A¥B
ans =

   1
   2
```

図 **14.6** GNU Octave の使用例

なお，GNU Octave は，商用のソフトウェア製品である MATLAB と異なり，フリーソフトです．

MATLAB や GNU Octave は対話的に計算を指示する使い方とともに，一連の操作をプログラムとして扱う使い方もできます．また MATLAB や GNU Oactave では，上例のような数値による出力のほか，グラフを用いたデータの可視化も簡単に行えます．こうした処理をプログラムとして記述することで，高度なデータ処理システムを容易に記述することが可能です．

14.3.2 Mathematica, Maxima

Mathematica（マセマティカ）と **Maxima**（マキシマ）は，いずれも数値計算や数式処理を容易に行うことのできるソフトウェアシステムです．MTALAB 同様，これらのソフトウェアは，対話的に利用するだけでなく，プログラムを与えて処理させることも可能です．なお，Mathematica は商用のソフトウェアであり，Maxima はフリーソフトです．

図 14.7 に Maxima の利用例を示します．図では，式の展開や因数分解，3 次方程式の求解などの例を示しています．

```
$ maxima

Maxima 5.32.1 http://maxima.sourceforge.net
using Lisp GNU Common Lisp (GCL) GCL 2.6.10 (a.k.a. GCL)
Distributed under the GNU Public License. See the file COPYING.
Dedicated to the memory of William Schelter.
The function bug_report() provides bug reporting information.
(%i1) factor(a^3+b^3);
                                   2           2
(%o1)                       (b + a) (b  - a b + a )
(%i2) expand((a+b)^3) ;
                             3      2      2      3
(%o2)                       b  + 3 a b  + 3 a  b + a
(%i3) solve([x^3+2*x^2-5*x-6=0],[x]) ;
(%o3)                       [x = - 3, x = - 1, x = 2]
(%i4)
```

図 14.7　Maxima の利用例（下線部は利用者の入力）

[14 章のまとめ]

- 汎用的なスクリプト言語として，Perl，Python，Ruby などがよく用いられる．これらは，一般のプログラミング言語と同様の機能を備えるとともに，プログラミングが容易であるという特徴がある．
- テキスト処理や数値計算に特化したスクリプト言語として，**bc** と **awk** がある．
- 数値計算や数式処理を容易に行うことのできるソフトウェアシステムとして，**MATLAB**, **GNU Octave** および **Mathematica**, **Maxima** 等がある．これらは，処理内容をプログラムとして記述することも可能である．

14 章　演習問題

問題 1

　　Perl や python, ruby などの汎用スクリプト言語の処理系を用いて，本文中にあるプログラム例を実行してみてください．

問題 2

　　bc を用いると，数値計算のプログラムを手軽に記述することが可能です．本書にこれまで示した C 言語による計算プログラムを，bc で記述してみてください．

問題 3

　　Octave に以下の内容を記述したファイルを与えることで，以下の内容をプログラムとして実行させてみてください．

```
A=[1 2;3 4;]
B=[5;11]
A¥B
```

コラム4：プログラムという概念の発明

　本書ではさまざまなプログラミング言語を取り上げました．これらのプログラミング言語は，当然のことながら，20世紀中ごろにコンピュータが発明された後に開発されたものばかりです．それでは，その基礎となる"プログラム"という概念はどこから生まれたのでしょうか．

　その一つの起源は，1章で紹介したバベッジの解析機関のプログラムです．バベッジの解析機関では，紙に穴をあけたパンチカードによって計算の手順を与えるように設計されていました．これは，現在のコンピュータにおける機械語プログラムと同等のものであると考えられます．

　実は，機械を制御するパンチカードを利用した装置としては，布を織る機械である織機がありました．織機におけるパンチカードの利用は，バベッジの解析機関の研究以前にも行われていました．さまざまな文献によると，解析機関におけるパンチカードの利用は，織機がヒントになっていたようです．

第15章　道具としてのコンピュータ

[この章のねらい]

　本書の締めくくりとして，本章では，コンピュータをどう使いこなせばよいかを考えます．結論からいうと，コンピュータは道具であって，プログラムは便利に利用すべきものです．したがって既存のプログラムを使って仕事ができるなら，そうすべきです．しかしながら，もしどうしても既存のプログラムでは間に合わない場合には，プログラミングスキルは強力な武器となるでしょう．

[この章で学ぶ項目]

　15.1 コンピュータ利用の方針
　15.2 プログラム開発の方法

15.1 コンピュータ利用の方針

はじめに，コンピュータ利用の方針を考えます．コンピュータを動かすのはプログラムです．ここで，プログラムは使うものであり，新たに作成しないほうがよいということを覚えておいてください．プログラミングはほかに手段のないときの，最後の手段です．

15.1.1 プログラムを準備する方法

工学の多くの分野では，コンピュータを道具として用いることで研究開発や製造を進めます．この意味でコンピュータは，工学のさまざまな分野でなくてはならない道具となっています．コンピュータはプログラムを取り替えることで，さまざまな仕事をこなすことができます．したがってコンピュータを道具として用いるには，仕事に適したプログラムを準備する必要があります．また，プログラムがコンピュータの動作を決めるのですから，言い換えれば，プログラムがコンピュータの道具としての価値を決めることになります．

ここで注意したいのは，プログラムを準備する方法にはさまざまなやりかたがあるという点です．一つの方法は，何らかの方法ですでに存在するプログラムを入手する方法です．この方法には，商用のプログラム製品を購入するとか，フリーソフトをダウンロードする，あるいは友人や先輩の開発したプログラムを譲り受けるといった方法があります．

もう一つの方法は，新規にプログラムを作成するという方法です．この場合にも高度なライブラリを組み合わせて自分の必要な機能を実装する方法もあれば，あらかじめ用意されたライブラリを全く用いずにゼロからプログラムを開発する方法もあります．後者の方法を，特に**スクラッチからの開発**[50]と呼ぶことがあります．これらの関係を，図 15.1 に示します．

[50] ゼロからの開発といっても，プログラム言語や基本的なライブラリを利用することは当然の前提である．

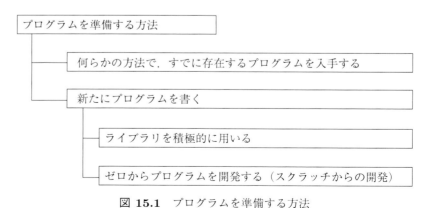

図 15.1　プログラムを準備する方法

15.1.2 プログラミングは最終手段

それでは，プログラムを準備する方法として望ましいのはどの方法でしょうか．当然，状況によってその答えは変わりますが，一般には図 15.1 の上部に示した方法が望ましい方法であると考えられます．つまり，次のような順番です．

① まず，何らかの方法ですでに存在するプログラムを入手することを考える．
② プログラムがなければ，適切なライブラリを使ってなるべく簡単にプログラムを作成することを考える．
③ どうしてもだめなら，スクラッチからプログラムを開発する．

プログラム準備にかかる手間を考えると，上記の ① から ③ に向かうほど手間が増えて時間もかかります．手間が増えると，プログラムのミスが発生する可能性が高くなります．したがって，① から ③ に向かうほど，プログラムの実行結果の信頼性が低くなってしまいます．スキル向上のための演習などプログラミング自体が目的である場合を除き，プログラムを道具として使うのであれば，なるべくプログラミングを避けるべきです．

それでも，プログラミングを避けることができない場合もあります．たとえば，最先端の研究開発において，世界初の方法でデータを処理したい場合には，既存のプログラムは利用できないかもしれません．こうした先端的な研究開発を行う場合には，プログラミングスキルはエンジニアにとって重要な武器となるでしょう．

15.2　プログラム開発の方法

プログラムのソースコードを書くことをコーディング (coding) と言います．しかし，コーディングはソフトウェア開発の一つの段階にすぎません．ここでは，工業製品としてのソフトウェアシステムの一生と，ソフトウェアの開発モデルについて取り上げます．

15.2.1　ソフトウェア製品のライフサイクル

一般の工業製品は，製品のアイデアが生まれてから，製品の設計・製造を経て世の中に出て行き，保守管理を受けながらユーザに利用されるというライフサイクルをたどります．同様に，工業製品の一種であるソフトウェア製品も，固有の**ライフサイクル**をたどります．

一般に，ソフトウェア製品のライフサイクルは表 15.1 に示すような段階を

表 15.1 ソフトウェア製品のライフサイクル

段階	説明
計画	ソフトウェア製品開発を計画する．
要求分析・定義	現状の分析に基づいてどのようなソフトウェア製品が必要とされているかを定義する．
設計	製造対象となるソフトウェアを設計する．
製造	コーディングとデバッグ．
テスト	設計や要求定義と照らし合わせて，不具合がないかどうかチェックする．
移行	作成されたソフトウェア製品を実際の現場で使い始める準備をする．
運用・保守	ソフトウェアを利用するとともに，修正要求に対応する．

経ます．計画段階は，ソフトウェア製品開発を始める段階です．要求分析・定義段階は，現状の分析に基づいてどのようなソフトウェア製品が必要とされているかを定義する段階です．要求分析の結果に基づいて，ソフトウェアの設計が実施されます．設計段階では，プログラム自体の設計に加え，画面設計やデータの設計が行われます．

製造段階では，設計段階の結果を使って，コーディングとデバッグが行われます．製造されたソフトウェアは，テスト段階において，設計や要求定義と照らしあわせて不具合がないかどうかチェックされます．その上で，移行段階では，作成されたソフトウェア製品を実際の現場で使い始める準備をし，実際に利用を開始します．

移行後の運用段階でも，ソフトウェアの修正点が発見されることがよくあります．また，ソフトウェア製品に対する要求は，時間とともに変化してくるのが普通です．そこで運用・保守段階では，こうしたソフトウェアに対する修正要求に対応して，ソフトウェアの改変や追加的な開発を行います．

以上のようにソフトウェア製品の開発は，ライフサイクルの各段階を経て進められます．本書で扱ったコーディングは，その中の一つの段階にすぎません．

15.2.2 ソフトウェア開発モデル

ソフトウェアのライフサイクルを実現するためには，ソフトウェア開発を支援する方法論が必要となります．これまでにさまざまな方法論が提案されていますが，これらの方法論の多くは，表 15.2 に示すような開発モデルに基づいています．

表 15.2　ソフトウェアの開発モデル

モデル	説明
ウォーターフォールモデル	ライフサイクルの各段階において，完成された成果物（要求定義書，設計書，プログラムコード等）をつくり上げる．ライフサイクルを一巡することで製品が完成する．
スパイラルモデル	ライフサイクルを一巡することでとりあえず動くソフトウェアを作成しユーザに提示し，ユーザからのフィードバックを得る．その後，さらにライフサイクルを数度巡ることで品質を向上させる．
アジャイルモデル	ある程度実用に耐えるソフトウェアをユーザの協力を得て素早く作成する．その後ライフサイクルを繰り返すことで，必要な機能を拡張する．

　ある程度の規模を有するソフトウェア製品を開発する際には，開発モデルに基づく開発方法論に従って開発が進められます．代表的な開発方法論として，**構造化分析・設計法**，**オブジェクト指向分析・設計法**，**エクストリームプログラミング**などがあります．

[15章のまとめ]

- 一般論としては，プログラムは使うものであり，新たに作るものではない．
- ツールが使えるなら使い，だめならライブラリを使う．どうしても他の手段が無いときだけ新規にプログラムを作る．
- 一般の工業製品と同様に，ソフトウェアにはライフサイクルがある．
- ソフトウェア開発は多くの工程からなる複雑な作業である．

15章　演習問題

問題 1

　学術論文を審査する立場に立った場合，以下の二つの論文のどちらが高い信頼性を有していると考えられるでしょうか．ただし，提示した条件以外はすべて同一条件であったとします．

　論文 A　　結果の統計処理に，自分で作成したプログラムを使っており，そのプログラムの信頼性についての言及がない．

　論文 B　　結果の統計処理に，広く利用されている統計処理パッケージプログラムを利用している．パッケージ利用の方法についても明示している．

問題 2

　製品開発に必要なプログラムを外注しようとして開発金額の見積りを依頼したところ，コーディングの手間から概算した予算額をはるかに超える見積額が返ってきました．なぜでしょうか．

コラム5：タイヤの再発明

　ソフトウェアの世界では，「**タイヤの再発明** (reinventing the wheel)」という言葉がよく使われます．これは，「タイヤのような古くからよく知られた技術を知らなかったばかりに，非常な苦労のあげくに同様の技術をもう一度作るという無駄な作業を行う」ことを意味します．往々にして，再発明された技術は，よく知られた既存の技術より劣っていることがあります．このことを揶揄して，「パンクしたタイヤの再発明」などということもあります．

　プログラムは書かないほうがよいという理由の一つは，タイヤの再発明という無駄を省くことにあります．もちろん，パンクしたタイヤを再発明してしまうことは，それ以上に避けるべきことです．

演習問題略解

1章　演習問題略解

問題 1
　ノイマン型以外のコンピュータは，非ノイマン型コンピュータと呼ばれています．たとえばデータフローコンピュータやニューロコンピュータ，量子コンピュータなどは非ノイマン型に分類されます．

問題 2
　① の解答
　PC で利用される代表的な CPU には，インテル社や AMD 社の CPU があります．スマートフォンなどでは，ARM ホールディングズ社のライセンスする CPU が広く用いられています．より小型の組み込み系システムでは，ARM 社のもののほか，ミップス・テクノロジー社やルネサスエレクトロニクス社の製品などが使われています．
　② の解答
　いずれの CPU も基本的には図 1.2 に示した構造を有していますが，それぞれの用途に合わせて大規模化・複雑化が進んでいます．

2章　演習問題略解

問題 1
　もしデータがたまたま機械語命令の数値と同じ値であれば，そのデータは対応する機械語命令として実行されます．機械語命令として定義されていない値であれば，何が起こるかは未定義です．プログラムが終了するかもしれませんし，CPU が暴走状態となるかもしれません．

問題 2
　32　3　32　3　90　0

問題 3
　51　0　32　0　42　0　62　20　　32　0　90　0

3章　演習問題略解

問題 1
　減算は，デクリメント命令を組み合わせることで実現できます．乗算は加算の繰返しで実現可能です．

問題 2
　プログラムのバグで終了条件が満たされない場合には，プログラム以外の方法でプログラムの実行を停止させなければなりません．具体的には，CPU にリセット信号を与えたり，コンピュータの電源を切らなければならないでしょう．

4章　演習問題略解

問題 1
　　ニモニックが使えることのほか，飛び先番地やメモリのデータ領域の番地を記号で指定できることなどの特徴があります．

問題 2
　　本文に示した C 言語，C++言語，Java 言語のほか，比較的よく知られたプログラミング言語だけでも数十種類の名前を挙げることができるでしょう．

問題 3
　　compiler は編集者を，また interpreter は通訳あるいは解説者を意味します．

5章　演習問題略解

問題 1
　　省略

問題 2

```
#include <stdio.h>

int main()
{
 printf("Hello,world!¥n") ;
 printf("Thank you!¥n") ;
}
```

問題 3

```
#include <stdio.h>

int main()
{
 printf("30*2+52/3=%d¥n",30*2+52/3) ;
}
```

問題 4

```
#include <stdio.h>

int main()
{
 int a,b ;

 scanf("%d",&a) ;
 scanf("%d",&b) ;
 printf("%d¥n",a*b) ;
}
```

6章　演習問題略解

問題 1

```
/* if2.c プログラム */

#include <stdio.h>

int main()
{
 int data ;/*入力値を格納*/

 scanf("%d",&data) ;          /*整数値を読み込む*/
 if(data<0)                   /*もし読み込んだ値が負なら*/
  printf("Minus!¥n") ;        /*Minus!と出力*/
 else                         /*そうでなければ*/
  printf("Not minus ¥n") ;    /*Not minus!と出力*/
}
```

問題 2

```
/* print10000.c プログラム */
/* 1 から 10000 までの整数を出力します*/
#include <stdio.h>

int main()
{
 int i;                       /*繰返し回数を数えるカウンタ*/

 for(i=1;i<=10000;++i)        /*1 から 10000 まで繰り返す*/
  printf("%d¥n",i) ;

}
```

7章　演習問題略解

問題 1

最後に出力される行は次の通りです．

```
f(315)=99543
```

問題 2

series1.c プログラムの，以下の 1 行を変更します．

```
        sum=sum+n ;           /*sum の値に n を加える*/
--->    sum=sum+n*n ;         /*sum の値に n*n を加える*/
```

問題 3

printtri.c プログラムの，以下の 1 行を変更します．

```
     for(j=1;j<=i;++j)              /*星を i 個出力*/
--->   for(j=1;j<=i*2;++j)          /*星を i*2 個出力*/
```

8 章　演習問題略解

問題 1

縦方向に小数点の位置が揃った，右揃えの出力となります．

```
         1          1          1
         2          4          8
         3          9         27
         4         16         64
              ...
        98       9604     941192
        99       9801     970299
       100      10000    1000000
```

問題の printf 関数呼出しにある ¥t は，タブを使って一定の間隔をあけるための指示です．また，%7d という記述は，7 桁分の出力幅に右揃えで数値を出力させるための記述です．

問題 2

以下にプログラム例を示します．

```c
/* pi.c プログラム*/
/*ライプニッツの公式による円周率の計算*/

#include <stdio.h>

int main()
{
 double qpi ;                       /*πの近似値*/
 int i ;
 int s ;                            /*各項の符号を計算*/

 qpi=0.0 ;                          /*初期値 0*/
 s=1;                               /*最初は正*/

 /*各項の和を求める*/
 for(i=1;i<100000;i=i+2){
  qpi=qpi+1.0/i*s;                  /*数列の和*/
  printf("%d %f¥n",i,qpi*4) ;
  s=s*(-1) ;
 }
 return 0 ;
}
```

上記プログラムの最終出力行は次の通りです．

```
99999 3.141573
```

このように，この級数は極めて収束が悪いので，約10万回の繰返し計算でも5桁程度の精度しか得ることができません．

9章　演習問題略解

問題1

関数の計算を直接main関数内部に書き込むと，どこで関数の計算を行っているのかがよくわからなくなってしまいます．また，同じ処理がソースコード上の異なる場所に繰り返し出現することになります．結果として，fx関数を別の関数に書き換えようとする場合などに，書換えのための手間が増えるだけでなく，書換え作業をまちがえやすくなります．

問題2

実行結果は次の通りです．
```
0.693147
```

10章　演習問題略解

問題1

たとえば各要素の2乗を求める計算処理を繰返しを用いて記述すると，次のようになります．

```
/*計算*/
 for(i=0;i<3;++i)
  vector[i]=vector[i]*vector[i] ;
```

問題2

vector3.cプログラムを以下に示します．

```
/* vector3.c プログラム */
/* 各要素の2乗和 */
#include <stdio.h>

/*main 関数*/
int main()
{
 int vector[10]={3,1,4,1,5,9,2,6,5,3};     /*10 要素の配列*/
 int sum2=0 ;                              /*2 乗和*/
 int i ;

 /*2 乗和の計算*/
 for(i=0;i<10;++i)
  sum2=sum2+vector[i]*vector[i] ;

 /*値の出力*/
 printf("%d\n",sum2) ;
```

```
        }
```

11章　演習問題略解

問題 1

NMAX を 3 とすると，データ個数の最大値が 3 個となります．したがって，データを 3 個入力した時点で，自動的に平均値などの計算に処理が移行します．

問題 2

gauss.c プログラムについて，記号定数 N の定義と，拡大係数行列の定義を以下のように変更します．

```
#define N 4                              /*連立方程式の未知変数の個数*/
     ↓
#define N 3                              /*連立方程式の未知変数の個数*/


double a[N][N+1]                         /*拡大係数行列*/
 ={{5,4,3,2,35},{1,6,2,3,36},{2,3,7,4,56},
    {3,2,1,8,51}};
     ↓
double a[N][N+1]                         /*拡大係数行列*/
 ={{3,2,4,18.5},{2,3,6,26.5},
    {1,3,2,12}};
```

変更後のプログラムを実行すると，次のような出力を得ます．

```
0.500000
1.500000
3.500000
```

12章　演習問題略解

問題 1

省略

問題 2

```
/* dice.c プログラム */
/* 1 から 6 までの値 1000 個を出力 */
#include <stdio.h>
#include <stdlib.h>

#define SEED   65535                     /*乱数列の種*/

int main()
```

```
{
 int i;                              /*繰返し回数を数えるカウンタ*/
 int v;                              /*1 から 6 までの値*/

 srand(SEED) ;                       /*乱数列の初期化*/
 for(i=0;i<1000;++i){                /*1000 回の繰り返し*/
  while((v=(double)rand()/RAND_MAX*6+1)>6) ;
  printf("%d ",v) ;
 }
 printf("¥n") ;

}
```

13 章　演習問題略解

問題 1

さまざまな用途に応じて言語が開発され，技術の発展により新たな機能が追加されて多種多様な言語ができあがります．また，技術的な理由以外（経済的理由等）から新たな言語が設計されることもあります．

問題 2

省略

14 章　演習問題略解

問題 1

省略

問題 2

たとえば，12 章の問題 12.1 に対応するプログラムは以下のようになります．

```
for(i=1;i<=10;++i)
print sqrt(i),"¥t",l(i),"¥n"
```

(1) ソースコード

```
1                        0
1.41421356237309504880   .69314718055994530941
1.73205080756887729352   1.09861228866810969139
2.00000000000000000000   1.38629436111989061883
2.23606797749978969640   1.60943791243410037460
2.44948974278317809819   1.79175946922805500081
2.64575131106459059050   1.94591014905531330510
2.82842712474619009760   2.07944154167983592825
3.00000000000000000000   2.19722457733621938279
3.16227766016837933199   2.30258509299404568401
```

(2) 実行結果

図 15.2　12 章の問題 12.1 に対応する bc のプログラム

問題 3

問題に記載された3行の文字列を，適当なファイル名（たとえば matrix.m など）をつけてファイルにします．その上で，以下のようにしてプログラムとして実行します．

```
$ cat matrix.m
A=[1 2;3 4;]
B=[5;11]
A\B
$ octave matrix.m
GNU Octave, version 3.8.1
Copyright (C) 2014 John W. Eaton and others.
This is free software; see the source code for copying conditions.
There is ABSOLUTELY NO WARRANTY; not even for MERCHANTABILITY or
FITNESS FOR A PARTICULAR PURPOSE.  For details, type 'warranty'.

Octave was configured for "x86_64-pc-linux-gnu".

Additional information about Octave is available at http://www.octave.org.

Please contribute if you find this software useful.
For more information, visit http://www.octave.org/get-involved.html

Read http://www.octave.org/bugs.html to learn how to submit bug reports.
For information about changes from previous versions, type 'news'.

A =

   1   2
   3   4

B =

    5
   11

ans =

   1
   2

$
```

15章　演習問題略解

問題 1

一般論としては，論文 B のほうが信頼性が高いと判断されるでしょう．

問題 2

コーディングは，ソフトウェア開発工程全体の一部にすぎないことに注意してください．

参考文献

1. コンピュータの歴史について

(1) ジョージ・ダイソン著, 吉田 三知世訳,『チューリングの大聖堂：コンピュータの創造とデジタル世界の到来』，早川書房，2013. 電子式コンピュータの黎明期を綴る歴史書
(2) ポール E. セルージ著,『モダン・コンピューティングの歴史』，未来社，2008. 20 世紀における商用コンピュータの発展の経緯を述べた書籍
(3) 能澤徹著,『コンピュータの発明　エンジニアリングの軌跡』，テクノレヴュー社，2003. ABC, ENIAC, EDSAC などについて詳しく解説した書籍

2. コンピュータの構成と動作について

(1) 所　真理雄著,『計算機システム入門』，岩波講座ソフトウェア科学，岩波書店，1988.
シングルプロセッサ構成の古典的な計算機を，主としてソフトウェアの観点から理解するための教科書
(2) デイビッド・A・パターソン＆ジョン・L・ヘネシー著,『コンピュータの構成と設計（第 4 版）』，日経 BP 社，2011.
マルチコア・マルチプロセッサシステムを含めた，現代的な計算機の構成方法に関する専門的教科書
(3) 小高　知宏著,『計算機システム』，森北出版，1999.
計算機システムに関する平易な教科書
(4) 渋谷　道雄著,『マンガでわかる CPU』，オーム社，2014.
CPU に関する一般向け教養書

3. C 言語，C++言語入門について

この分野では，非常に多くの種類の書籍が出版されている．インターネットの検索サイトで，

　　C 言語　入門書

といったキーワードを入力すると，多数の情報を手に入れることができる．

4. さまざまな言語について

(1) B. W. カーニハン & D. M. リッチー著，石田晴久訳,『プログラミング言語C』，共立出版，1989.
  C言語の代表的参考文献
(2) アンク,『C＋＋の絵本』，翔泳社，2005.
  C＋＋の解説書
(3) http://www.oracle.com/technetwork/jp/java/index.html
  Java言語に関する公式情報源
(4) David Flanagan 著，村上列訳,『JavaScript 第6版』，オライリージャパン，2012.
  Javascript に関する詳細な技術書
(5) Paul Graham 著，野田開訳,『On Lisp』，オーム社，2007.
  Paul Graham による Lisp の解説書
(6) John V. Guttag 著，久保幹雄監訳,『Python 言語によるプログラミングイントロダクション』，近代科学社，2014.
  MIT で開講されている，Python 言語を題材とした工学系基礎教育としてのプログラミング教育コースで用いられる教科書

付　録

1. exmini の機械語命令一覧

ニモニック	オペコード	説明
ldi	1	オペランドの値をアキュムレータにロード
lda	2	オペランドで指定した番地の内容をアキュムレータにロード
ldd	3	オペランドで指定した番地の内容を番地として，対象番地の値をアキュムレータにロード
sta	12	オペランドで指定した番地へアキュムレータをストア
std	13	オペランドで指定した番地の内容を番地として，対象番地へアキュムレータの値をストア
ina	21	アキュムレータの内容をインクリメント（オペランドは任意の値）
inc	22	オペランドで指定した番地の内容をインクリメント
dea	31	アキュムレータの内容をデクリメント（オペランドは任意の値）
dec	32	オペランドで指定した番地の内容をデクリメント
cmp	42	オペランドで指定した番地の内容が 0 なら z フラグをセット
clz	51	z フラグをゼロクリア（オペランドは任意の値）
sez	52	z フラグに 1 をセット（オペランドは任意の値）
jnz	61	z フラグが 0 ならオペランドの番地にジャンプ
jez	62	z フラグが 1 ならオペランドの番地にジャンプ
halt	90	CPU の停止（オペランドは任意の値）

2. C 言語プログラムのコンパイルと実行

　　第 5 章で述べたように，C 言語で記述したプログラムをコンパイルして実行する方法には，エディタとコンパイラを個別に用いる方法と，統合開発環境を用いる方法があります．以下では，エディタとコンパイラを個別に用いて，C 言語で記述したプログラムをコンパイルして実行する方法の例を示します．以下の例では，Linux の一種である Ubuntu のシェルウィン

ドウで，viエディタとgccコンパイラを用いてプログラム作成を進めた場合を示しています．

```
$ vi hello.c
$ cat hello.c
#include <stdio.h>

int main()
{
  printf("Hello,world!\n" ;
}
$ gcc hello.c -o hello
hello.c: In function 'main':
hello.c:5:26: error: expected ')' before ';' token
   printf("Hello,world!\n" ;
                          ^
hello.c:6:1: error: expected ';' before '}'token
 }
 ^
$ vi hello.c
$ cat hello.c
#include <stdio.h>

int main()
{
  printf("Hello,world!\n") ;
}
$ gcc hello.c -o hello

$ ./hello
Hello,world!
$
```

- viエディタによるソースコードの編集
- catコマンドによるhello.cファイルの表示
- gccコマンドによるコンパイル
- gccコマンドがエラーを指摘（5行目に，カッコが抜けている部分がある）
- 再度viエディタを用いて，ソースコードを修正
- 今度はカッコが正しく挿入されている
- 再度，gccコマンドによりコンパイル，今度はエラーなし
- helloプログラムの実行

索　引

A
ABC　　2
awk　　145

B
bc　　144

C
Cobol　　137
CPU(central processing unit)　　3

E
EDSAC　　3
EDVAC　　3
else　　57
Emacs　　137
ENIAC　　2
Exmini　　12

F
Fortran　　136

G
gcc　　120
gedit　　44
GNU Octave　　146

H
HTML(Hyper Text Markup Language)　　135

I
I/O(Input/Output)　　4

L
Linux　　132

Lisp　　136

M
main　　86
Mathematica　　147
MATLAB　　146
Maxima　　147

P
Perl　　142
Python　　142

R
Ruby　　143

U
UNIX　　132

V
vi　　44

W
Windows　　132

ア行
アキュムレータ（accumulator）　　5
アジャイルモデル（agile model）　　155
アセンブリ言語（assembly language）　　36
アドレス（address）　　4
アバカス（abacus）　　2
アラートダイアログ（alert dialog）　　135
if 文（if statement）　　56
インクリメント命令（increment instruction）　　28
インストラクションカウンタ（instruction counter）　　5

インタプリタ（interpreter） 38, 39
int 型 66, 87
ウィルクス（Maurice Vincent Wilkes） 3
Web ブラウザ（Web browser） 7
ウォーターフォールモデル（waterfall model） 155
エッカート（J. Presper Echert, Jr.） 2
エディタ（editor） 44
演算回路（arithmetic circuit） 5
オブジェクトコード（object code） 39
オブジェクト指向プログラミング（object oriented programming） 132
オブジェクト指向分析・設計法（object oriented analysis, object oriented design） 155
オペコード（opcode） 13
オペランド（operand） 13
オペレーティングシステム（operating system） 132

カ行

階差機関（difference engine） 2
解析機関（analytical engine） 2
ガウスの消去法（Gaussian elimination） 111
拡大係数行列（enlarged coefficient matrix） 111
加算命令（add instruction） 7
仮想 CPU（virtual CPU） 12
型（type） 50
関数（function） 46
機械語プログラム（machine language programming） 3
機械語命令（machine instruction） 3
記号定数（symbolic constant） 91
擬似乱数列（pseudo random number sequence） 123
キーボード（key board） 4
繰返し処理（iteration） 20
構造化分析・設計法（structured analysis, structured design） 155
cos 関数（cosine function） 122
コメント（comment） 37, 57
コンパイラ（compiler） 38
コンパイル（compile） 39
コンピュータ（computer） 2

サ行

sin 関数（sine function） 122
C 言語（C language） 37
自然対数の底（the base of natural logarithms） 79
C++言語（C++ language） 37
Java 仮想マシン（JavaVM）（Java virtual machine） 133
Java 言語（Java language） 37, 133
Javascript 言語（Javascript） 133
Java バイトコード（Java bytecode） 133
ジャンプ命令（jump instruction） 20
条件判定（condition determination） 23
数学関数（mathematical function） 120
数値計算（numerical calculation） 38
数値積分（numerical integration） 90
数表（table） 76
scanf 関数（scanf function） 51, 106
スクラッチからの開発（development form scratch） 152
スクリプト言語（script language） 142
sqrt 関数（sqrt function） 120
ステータスレジスタ（status register） 5
ストア命令（store instruction） 15
スパイラルモデル（spiral model） 155
srand 関数（srand function） 123
制御回路（control circuit） 5
整数（integer） 4, 49
Z フラグ（Z flag） 12
添字（index） 96
ソースコード（source code） 39
ソースプログラム（source program） 39

タ行

代入（assignment） 50
タイヤの再発明（reinventing the wheel） 157

ダブルクオート（double quote）	46		分散（variance）	106
チャールズ・バベッジ（Charles Babbage）	2		平均（average）	106
中央処理装置（CPU central processing unit）	3		ベリー（Clifford E.Berry）	2
ディスプレイ（display）	4		変数（variable）	49
デクリメント命令（decrement instruction）	28		変数の参照（variable reference）	50
デバッグ（debug）	30		保守（maintenance）	85
統合開発環境（integrated development environment）	45		保守性（maintainability）	88

ナ行

マ行

ニモニック（mnemonic）	36		マウス（mouse）	4
入出力装置（Input/Output）	4		マクローリン展開（Maclaurin's expansion）	79
			無限ループ（infinite loop）	23

ハ行

			メモリ（memory）	3
バイト（byte）	32		モークリー（John W. Mauchly）	2
配列（array）	96		モジュール化（modularization）	85
バグ（bug）	30		モンテカルロ法（Monte Carlo method）	125
パスカリーヌ（Pascaline）	2			

ラ行

番地（address）	4		ライブラリ（library）	119
汎用レジスタ（general register）	5		乱数列（random number sequence）	123
for 文（for statement）	59		rand 関数（rand function）	123
while 文（while statement）	64		リセット信号（reset signal）	23
フォン・ノイマン（John von Neumann）	3		ループ処理（iteration）	23
printf 関数（printf function）	47		レジスタ（register）	5
ブレーズ・パスカル（Blaise Pascal）	2		連立一次方程式（simultaneous linear equations）	111
プログラミング言語（programming language）	32, 37		log 関数（log function）	120
プログラムカウンタ（program counter）	5		ロード（load）	13
プログラムのライフサイクル（life cycle of program）	85		ロード命令（load instruction）	15

著者略歴

小 高 知 宏（おだか　ともひろ）
1990 年　早稲田大学大学院 理工学研究科博士後期課程電気工学専攻修了（工学博士）
同　年　九州大学医学部助手（医療情報部）
1993 年　福井大学工学部助教授
2004 年　福井大学大学院工学研究科教授（現在に至る）

主 な 著 書

『C 言語で学ぶコンピュータ科学とプログラミング』、『基本情報技術者に向けての 情報処理の基礎と演習 ハードウェア編，ソフトウェア編』、『人工知能システムの構成（共著）』（以上，近代科学社）『TCP/IP で学ぶネットワークシステム』、『計算機システム』、『これならできる！C プログラミング入門』（以上，森北出版）
『機械学習と深層学習　C 言語によるシミュレーション』、『強化学習と深層学習　C 言語によるシミュレーション』、『C による数値計算とシミュレーション』、『C によるソフトウェア開発の基礎』、『はじめての AI プログラミング』、『基礎からわかる TCP/IP Java ネットワークプログラミング』（以上，オーム社）

コンピュータ科学とプログラミング入門
コンピュータとアルゴリズムの基礎

Ⓒ 2015　Tomohiro Odaka　　　Printed in Japan

2015 年 11 月 30 日　初　版　発　行
2021 年 3 月 31 日　初版第 4 刷発行

著　者　小　高　知　宏
発行者　井　芹　昌　信
発行所　株式会社 近代科学社
〒162-0843　東京都新宿区市谷田町 2-7-15
電話 03-3260-6161　振替 00160-5-7625
https://www.kindaikagaku.co.jp

藤原印刷　　ISBN978-4-7649-0494-1
定価はカバーに表示してあります．

【本書の POD 化にあたって】
近代科学社がこれまでに刊行した書籍の中には、すでに入手が難しくなっているものがあります。それらを、お客様が読みたいときにご要望に即してご提供するサービス／手法が、プリント・オンデマンド（POD）です。本書は奥付記載の発行日に刊行した書籍を底本として POD で印刷・製本したものです。本書の制作にあたっては、底本が作られるに至った経緯を尊重し、内容の改修や編集をせず刊行当時の情報のままとしました（ただし、弊社サポートページ https://www.kindaikagaku.co.jp/support.htm にて正誤表を公開／更新している書籍もございますのでご確認ください）。本書を通じてお気づきの点がございましたら、以下のお問合せ先までご一報くださいますようお願い申し上げます。

お問合せ先：reader@kindaikagaku.co.jp

Printed in Japan
POD 開始日　2024 年 3 月 31 日
発　　　行　株式会社近代科学社
　　　　　　〒101-0051 東京都千代田区神田神保町 1 丁目 105 番地
　　　　　　https://www.kindaikagaku.co.jp
印刷・製本　京葉流通倉庫株式会社

・本書の複製権・翻訳権・譲渡権は株式会社近代科学社が保有します。
・ JCOPY ＜（社）出版者著作権管理機構 委託出版物＞
本書の無断複写は著作権法上での例外を除き禁じられています。
複写される場合は，そのつど事前に（社）出版者著作権管理機構
(https://www.jcopy.or.jp, e-mail: info@jcopy.or.jp) の許諾を得てください。

あなたの研究成果、近代科学社で出版しませんか？

▶ 自分の研究を多くの人に知ってもらいたい！
▶ 講義資料を教科書にして使いたい！
▶ 原稿はあるけど相談できる出版社がない！

そんな要望をお抱えの方々のために
近代科学社Digital が出版のお手伝いをします！

近代科学社 Digital とは？

ご応募いただいた企画について著者と出版社が協業し、プリントオンデマンド印刷と電子書籍のフォーマットを最大限活用することで出版を実現させていく、次世代の専門書出版スタイルです。

近代科学社 Digital の役割

- **執筆支援** 編集者による原稿内容のチェック、様々なアドバイス
- **制作製造** POD書籍の印刷・製本、電子書籍データの制作
- **流通販売** ISBN付番、書店への流通、電子書籍ストアへの配信
- **宣伝販促** 近代科学社ウェブサイトに掲載、読者からの問い合わせ一次窓口

近代科学社 Digital の既刊書籍 （下記以外の書籍情報はURLより御覧ください）

詳解 マテリアルズインフォマティクス
著者：船津公人／井上貴央／西川大貴
印刷版・電子版価格(税抜)：3200円
発行：2021/8/13

超伝導技術の最前線[応用編]
著者：公益社団法人 応用物理学会
超伝導分科会
印刷版・電子版価格(税抜)：4500円
発行：2021/2/17

AIプロデューサー
著者：山口 高平
印刷版・電子版価格(税抜)：2000円
発行：2022/7/15

詳細・お申込は近代科学社Digitalウェブサイトへ！
URL: https://www.kindaikagaku.co.jp/kdd/